JN055984

SDGs
で考える
日本の災害

藤岡達也 著

大修館書店

② 火山噴火

スゥ /Su
苗木の妖精で, 頭についた二葉から色々な情報を集めることができる。調べた内容を友だちのディーに話すことが好き。

目次

グー /Gu
木の実の妖精で，スゥとディー
の友だち。二人が調べたり考え
たり話し合ったりしている様子
を，興味深く見つめている。

ディー /Dee
苗木の妖精で，頭についた1つ
の葉っぱで色々な考えをまとめ
ることができる。友だちのスゥ
が調べた情報を聞くことが好き。

【著者からのメッセージ】…60

> **読者への**
> **メッセージ**

SDGsで考える日本の災害
——防災・減災・復興

❓ どうしてSDGs（エスディージーズ）で日本の災害を考えるのか

　SDGs（持続可能な開発目標）は，Sustainable Development Goals の略称であり，持続可能な社会をつくるための国際的な達成目標です。持続可能な社会とは，現在を生きる人々だけでなく，未来の人々にも必要な自然や地球環境を損なわない社会のことです。つまりSDGsとは，環境と調和した科学技術の開発や社会の発展のための目標なのです。

　自然や地球環境は，人間に対してさまざまな恵みを与えるだけでなく，時には自然災害という深刻な被害をもたらします。日本は昔から地震や暴風雨などに襲われてきましたが，そこから防災・減災そして復興に関する教訓を得てきました。こうした自然災害への対応は持続可能な社会をつくるために必要であり，地球温暖化などの気候変動への対応にもつながります。現在のわたしたちの生活を維持しながら，世界中の人々が未来の地球上でも安全に暮らし続けられる「持続可能な社会」を築いていくために，防災・減災，復興を通して，自然や人，社会とのつながりと関わりについて学んでいきましょう。

1 SDGsと自然災害削減への取り組み

❶ SDGsと防災・減災・復興

　本シリーズで取り上げる地震・津波，火山噴火や台風による集中豪雨などは，本来**自然現象**にすぎない。自然現象が発生した場所に人間がいたり，人間生活に悪影響をおよぼしたりした時に初めて**自然災害**になる。

　日本ではこうした自然災害への対応について「防災」という言葉が用いられるが，火災などの事故災害（人災）とは異なり，自然災害（天災）は，人間がいくら努力を重ねても完全に防ぐことは難しい。自然災害につながる自然現象の発生は，先端の科学技術によっても止められず，社会が防災の体制を整えても被害はゼロにならない。つまり災害を防ぐ「防災」には限界がある。

　そこで最近は，災害を減らす「減災」という考え方も使われるようになってきた。

　国際連合（以下国連）など国際的には「Disaster Risk Reduction」が用いられ，これは「災害リスク削減」を意味する。

　もちろん「防災」であっても「減災」であっても，日常のあらゆるレベルでの備えが重要であることは変わらない。災害を拡大させな

4

SUSTAINABLE DEVELOPMENT G⬤ALS

SDGsには17のゴール（世界的目標）の中に，それを達成するためのターゲット（課題）と232の指標があります

【図1】SDGsのゴールとロゴマーク

いためにも，迅速で組織的な取り組みや復旧に向けた活動が欠かせない。さらに災害発生前以上の地域の再生を目指す「復興」に向けての計画や，ほかの地域からの長期間にわたる継続的な支援なども必要になってくる。住居や資産などだけでなく，かけがえのない人を喪った悲しみや精神的な立ち直りなど，心に関するアフターケアも，社会全体でじゅうぶんに対応する必要がある。

こうした防災・減災・復興に必要な「しなやかな強さ」や「回復力」を，**SDGsでは「レジリエント」や「レジリエンス」❶という言葉で表現している。**防災では「自助」「共助」「公助」の言葉がよく用いられるが，基本となる「自助」の取り組みの限界が，SDGsの視点をもった地域内での「共助」へ，さらに国内外での「公助」へと広がってきた。

これからの減災・防災は，SDGsの視点を踏まえながら，一人ひとりに何ができるかを探ることが大切なのだ。

❷SDGsのゴールに示された　自然災害削減への取り組み

SDGsの17の目標＝ゴール【図1】には，達成するために具体的な課題＝ターゲットが設定されている。その中には自然災害に関するターゲットも多く含まれているので，ゴールと合わせて次ページで紹介する。

これをみると，自然災害に直接関係するゴールやターゲットだけでもさまざまなものがある。地球上のすべての人たちが生きていくために，自然環境との調和や，災害に対するレジリエンスをもつ重要性を示していることがよくわかる。

❶強靭性，復元性，たくましさなど，さまざまな日本語訳があるのでそのまま使われることが多い。

| SDGs 1 | 貧困をなくそう：あらゆる場所のあらゆる形態の貧困を終わらせる |

1.5 2030年までに，貧困層や脆弱な状況にある人々の強靱性（レジリエンス）を構築し，気候変動に関連する極端な気象現象やその他の経済，社会，環境的ショックや災害に暴露や脆弱性を軽減する。

| SDGs 2 | 飢餓をゼロに：飢餓を終わらせ，食料安全保障および栄養改善を実現し，持続可能な農業を促進する |

2.4 2030年までに，生産性を向上させ，生産量を増やし，生態系を維持し，気候変動や極端な気象現象，干ばつ，洪水およびその他の災害に対する適応能力を向上させ，漸進的に土地と土壌の質を改善させるような，持続可能な食料生産システムを確保し，強靱（レジリエント）な農業を実践する。

| SDGs 11 | 住み続けられるまちづくりを：包摂的で安全かつ強靱（レジリエント）で持続可能な都市および人間居住を実現する |

11.5 2030年までに，貧困層および脆弱な立場にある人々の保護に焦点をあてながら，水関連災害などの災害による死者や被災者数を大幅に削減し，世界の国内総生産比で直接的経済損失を大幅に減らす。

11.b 2020年までに，包含，資源効率，気候変動の緩和と適応，災害に対する強靱さ（レジリエンス）を目指す総合的政策および計画を導入・実施した都市および人間居住地の件数を大幅に増加させ，仙台防災枠組2015-2030に沿って，あらゆるレベルでの総合的なリスク管理の策定と実施を行う。

| SDGs 13 | 気候変動に具体的な対策を：気候変動およびその影響を軽減するための緊急対策を講じる |

13.1 すべての国々において，気候関連災害や自然災害に対する強靱性（レジリエンス）および適応の能力を強化する。

| SDGs 15 | 陸の豊かさを守ろう：陸域生態系の保護，回復，持続可能な利用の推進，持続可能な森林の経営，砂漠化への対処，ならびに土地の劣化の阻止・回復および生物多様性の損失を阻止する |

15.3 2030年までに，砂漠化に対処し，砂漠化，干ばつおよび洪水の影響を受けた土地などの劣化した土地と土壌を回復し，土地劣化に荷担しない世界の達成に尽力する。

各ターゲットの最初の数字はゴールの数字を，小数点以下はターゲット番号を示している。わたしたちが普段見ている短いキャッチコピーのあとの文章は英語の直訳で自然な日本語の表現としてはなじまないかもしれないが，外務省による翻訳のためそのまま使用する（下線は筆者によるもの）❷。

2 減災・復興に関する自然災害削減への取り組み

SDGsはさまざまなゴールやターゲットが自然災害と関連しているが，実現に向けて特に注目したいのが**SDGs4「質の高い教育をみんなに」**だ。減災や復興のために，教育が必要になってくるからだ。

ESD（Education for Sustainable Development）という教育目標❸からその必要性を考えてみよう。ESDはそれぞれの項目が独立しているのではなく，つながっている【図2】。たとえば「減災・防災」を考える時に，両隣の「海洋」と「気候変動」を無視することはできない。「海洋」は多くの資源によって人間に限りない恵みを与えているが，津波の発生（▶p.48）や台風時の高潮（▶第3巻）によって，沿

❷本文中のSDGsのゴールやターゲットについては，読みやすさを考え，日本ユニセフ協会のサイトを参考にした訳になっている。このページで示した外務省による仮訳は，国連広報センターのサイトが参考になる。

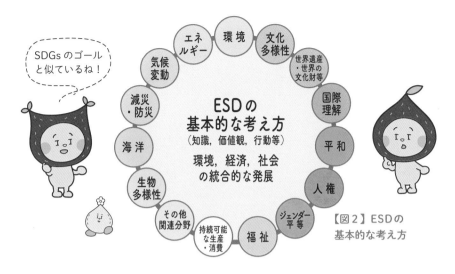

SDGs のゴールと似ているね！

環境　文化多様性
エネルギー　世界遺産・世界の文化財等
気候変動　国際理解
減災・防災　平和
海洋　人権
生物多様性　ジェンダー平等
その他関連分野　福祉
持続可能な生産・消費

ESDの基本的な考え方（知識，価値観，行動等）
環境，経済，社会の統合的な発展

【図2】ESDの基本的な考え方

ESD: Education for Sustainable Development

【6つの視点】	【7つの能力・態度】
■多様性(いろいろある)	■批判的に考える力
■相互性(関わりあっている)	■未来像を予測して計画を立てる力
■有限性(限りがある)	■多面的・総合的に考える力
■公平性(一人ひとり大切に)	■コミュニケーションを行う力
■連携性(力合わせて)	■他者と協力する力
■責任制(責任を持って)	■つながりを尊重する態度
	■進んで参加する態度

岸部に大きな災害を繰り返しもたらしてきた。台風のエネルギーは海水温と関係しており，集中豪雨や台風は「気候変動」と関係する。東日本大震災［2011］における福島第一原子力発電所事故などを考えると，もう1つ隣の「エネルギー」についても考える必要がある。

　こうしてみると，ESDの各項目が減災・防災につながっていることが理解できるだろう。ESDでは「6つの視点」を軸にして，教師や生徒が持続可能な社会づくりに関わる課題を見つけ，「7つの能力・態度」を身につけることをねらいとしている。これは防災・減災，復興に関しても重要な能力である。

　つまり**ESDはSDGsの基本的な理解につながり**，SDGs達成に欠かせない教育目標であるだけでなく，防災・減災教育の具体的な内容にも深く関わっているのである。

　「SDGsで考える日本の災害」シリーズは，読者がこうした能力を伸ばすために必要な情報や考えるヒント，具体的な学習課題などで構成されている。読者のみなさんが全3巻を読み，調べたり話しあったりしていく中で，減災・防災・復興のために必要な視点や，課題解決に欠かせない能力を身につけていってくれることを心から願っている。

❸日本政府が提唱した「国連持続可能な開発のための教育の10年（UN/Decade of ESD）」（2005～2014）という教育目標から始まり，2015年からの後継プログラム GAP（Global Action Plan），その後継プログラムとして「持続可能な開発のための教育：SDGs実現に向けて（ESD for 2030）」という教育目標が設定されている。

序　章

SDGsで考える「火山」と「地球環境」との関わり

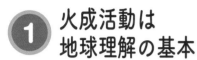

❶ 火成活動は地球理解の基本

　SDGsへの取り組みの難しさの１つに，未知のこと，よくわかっていないこと，さらには将来の予測が十分につかないことに対しても，個人レベルで意思決定し，社会としても合意形成をしていかなければならないという部分がある。防災・減災，復興に関する問題，環境，エネルギーについての課題も同様だ。

　こうした地球環境の課題の解決にあたっては，まず関連する事項についてできる限り正確なデータを収集・分析し，とりまとめ，可能性の高い情報を得る必要がある。多くの人に影響を与える情報については，政府や行政機関（場合によっては国際組織）がこの役割を担い，発信された情報にもとづいた対策や行動がわたしたちに求められる。

　つまりSDGsのゴール（目標）実現のためには，地球上での自然と人間，人間と人間（社会）のつながり，関わりをデータから学んでいくことが基本となる。しかし，意外と地球の時間・空間を超えたスケールの大きさやプレートの動きのような大きな営み＝ダイナミクスを知らなかったり，気づいていなかったりすることも多い。

　だからこそ，**SDGs実現のためには地球のダイナミクスを理解することがその第一歩になると言っても過言ではない**。火山噴火を含む「**火成活動**」❶が，どのように地球環境に関わってきたのかを知る必要がある。まず，現在見られるような地球の景観はどうやってできたのかを見ていこう。

❷ 地球の表面と火山

　約46億年前に，地球は多くの隕石・小惑星などが衝突・合体し，１つの大きな球体となった。その後，マグマオーシャン❷が固まり始め，密度の大きなものが地球の中心に集まり，内部から外部に向かって，**核**（内核・外核），**マントル**，**地殻**という層の構造をつくってきた【図１】。同時に，地表面から噴き出した高温の水蒸気によって多量の雨が降り出し，原始海洋が生まれた。

　第１巻で紹介した**プレート**は，この地殻とマントル上部のことを指しており，マントル上部は「**リソスフェア**」，マントル下部は「**アセノスフェア**」と呼ばれる（▶p.21）。プレートが誕生し，移動し，ほかのプレートに沈み込んだり衝突しあったりするといったプレート同士の関係によって，地震や火山活動などの地殻変動が生じる。このように，プレートによって地球表面の状況を説明することを「**プレートテクトニクス**」と呼ぶ。さらに，このプレートを動かす力として，マントル内の対流運動である「**プルーム**」❸の働きが関わっていると考えられている【図２】。

---

❶火山活動を含めたマグマの発生・移動に関したすべての現象。

❷惑星表層の珪酸塩部分が融けた状態になり，マグマの海が形成された状態のことをいう。

❸英語で「羽毛状に空中に上がったもの」という意味。plume。

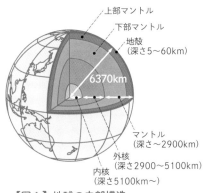

【図1】地球の内部構造

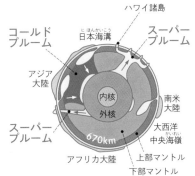

マントル物質の対流を「スーパープルーム」という。アフリカと南太平洋地域の下にある高温の深部マントル物質が上昇し，アジア大陸の下は低温の「コールドプルーム」が下降している。この2つの大きな流れがプレートを動かしているというのが「プルームテクトニクス」である。

【図2】プルームテクトニクスの模式図

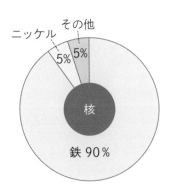

【図3】核の構成物質

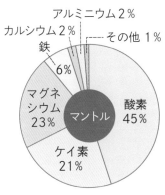

【図4】マントルの構成物質

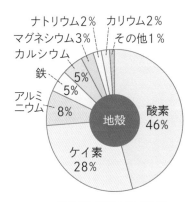

【図5】地殻の構成物質

③ 地球表面の岩石

SDGs14「海の豊かさを守ろう」，SDGs15「陸の豊かさも守ろう」は，地球表面の約7割を占める海洋と，残り約3割の陸地の保全を考えたゴールだ。陸地の環境を考えると，岩石という地球の基盤の上に土壌，植生，生態系が成り立っており，人間はその一構成員にすぎない。

わたしたちの住む地球は均質な物質からできているのではなく，核・マントル・地殻の構成物質や割合は，それぞれ次のように異なっている。

❶核の構成物質

核は【図3】のように，鉄・ニッケルが主要物質と考えられている。

❷マントルの構成物質

マントル上部と下部とで少し異なるが，全体としては酸素，マグネシウム，ケイ素が大部分を占め，【図4】のような割合である。

❸地殻の構成物質

地殻を構成している物質は，岩石，鉱物の中に含まれているものと同じであり，【図5】のように酸素，ケイ素，アルミニウムの順になる。

地球内部は現在でも高温・高圧で，地殻から核に向かうほど温度や圧力の値は上昇する。マントル上部では，溶けたマグマが存在し，上昇して地殻の中の地下深部でゆっくりと冷えて固まると，花こう岩，閃緑岩，斑れ

色や粒の大きさが違うんだ

		白っぽい	中間色	黒っぽい
火成岩	深成岩：粒が大きい	花こう岩	閃緑岩	斑れい岩
	火山岩：粒が小さい	流紋岩	安山岩	玄武岩

【表1】岩石の種類

い岩などの「**深成岩**」となる。マグマが地表付近で急冷すると，流紋岩や安山岩，玄武岩などの「**火山岩**」が形成される。マグマが冷えて固まったこれらの岩石は「**火成岩**」と呼ばれ，粒の大きさによって，深成岩と火山岩に分けられる【表1】。

岩石を構成する鉱物にはさまざまな種類があり，中には**宝石**として貴重な価値をもつもの，**鉱物資源**として工業製品に不可欠なものが存在する（▶p.16）。もっとも硬度の高いダイヤモンドは，その輝きの美しさから，地球内部から人間への貴重な贈り物ともいえるだろう。

地球表面の岩石と鉱物はもともとマグマ起源であり，【図1】で示した地球表面の成分とも関連している。火成岩は侵食を受けたり風化したりして砕屑物となり，それらが水中で続成作用[4]を受け，礫岩・砂岩・泥岩などの堆積岩となった。さらにこれらが強い熱や圧力の作用を受け，岩石の構成鉱物などの配列が変わって変成岩が形成される。

つまり，「火成活動」によってつくられた火山岩や深成岩などから新たな岩石が形成されていき，それらが地球表面を覆っているということになる。さらにその上に土壌が生じ，微生物・植物・動物が生態系をつくってきた。この生態系ピラミッドの頂点にいるのは，あとから地上に登場した人間である。人間はほかの生物を支配しようとするだけでなく，今日では地球環境すら大きく変えていこうとしている。

④ 火山活動とSDGs

気候変動についてはIPCC第6次報告書[5]で警鐘が鳴らされ，**SDGs13「気候変動に具体的な対策を」**が設定され，重要課題となっている。SDGsにおける対策はおもに人間の活動に関してだが，太陽エネルギーの状況や地球内部の活動そのものが，気候変動に

[4]堆積した泥・砂・礫・火山灰などの粒子が，長い時間とともに互いにくっついて固まっていく作用のこと。

[5]気候変動に関する政府間パネル（IPCC）の報告書。気候変動に関する最新の科学的知見の評価を提供するもので，日本では文部科学省と気象庁が資料をつくり，環境省が報告書にまとめている。

関わることもある。火山は噴火によって，大量の噴出物を排出することがある。大規模な噴火では，噴出された微粒子が上層でとどまり，太陽光をさえぎり，地球表面の気温が下がる。一方，地質時代❻においては，脱ガス❼によって大気中の二酸化炭素の割合が増加し，その温室効果（▶p.22）により地球が温暖化したこともある。火山活動は気候変動にも影響を与えているのだ。

　現在の地球上の火山分布は，プレートの分布と動きによって説明できる。第1章の解説で，地球表面を覆うプレートと世界の火山帯を示した（▶p.18）。分布の様子から，火山活動の影響はすべての国と地域に関係することが理解できるだろう。

　国内では，最新の科学技術によって噴火の予知・予測体制が整えられ，警戒レベルの設置など社会体制も築かれつつある。しかし，開発途上国では，ひとたび噴火が起こると先進国に比べて人々の生命や生活を危機的状況に陥れる可能性が高い。**SDGs17「パートナーシップで目標を達成しよう」**が設定されている意義はこうしたところにある。

　火山活動は，豊かな土壌を形成したり，鉱物資源や観光資源などを提供したりして人間に恵みをもたらす反面，噴火によってまちを壊滅させたり，飢餓や貧困に陥れたりと，深刻な被害を与えてもきた。それだけに，日本では古くから山そのものに畏敬の念❽がもたれ，信仰の対象となっている火山も多い。

　2014年に戦後最大の噴火による犠牲者が出た長野県の御嶽山は，「御嶽山信仰」を生み出した火山である。平安時代ごろから民間信仰と山岳信仰が結びつき，山の周辺は修験道の場として栄えるようになった。修行者たちが集団で登拝する中，登山口が一般民衆に

【写真1】北口本宮富士浅間神社の鳥居

も開かれ，信仰が全国に広がっていったとされる（▶p.44）。

　さかのぼれば飛鳥時代，秋田県・山形県境界に位置する鳥海山（2236m）は，大和朝廷から鎮護の神として祀られた。興味深いのは838年に朝廷が正五位上の神位を与えたことだ。その後も噴火ごとに神位は上がり，1736年には最高位である正一位になった。地域の鎮護と戦勝が祈念されていたあらわれである。世界遺産の富士山にはさらに古くから神社が建てられており【写真1】，日本最古・最高峰の山岳宗教の地といえるだろう（▶p.35）。

　時代や地域を越え，火山と噴火への考えを自分事として学ぶことは大切である。これまで災害時への備えは，過去は被災地や住民だけの課題だったが，新型コロナウイルス感染症の流行によって，「非常事態」への対応について多くの人が自分事として意識せざるを得なくなった。このことは，SDGsを実現するための一人ひとりの姿勢として，世の中のさまざまな課題を自分事としてとらえることの大切さに気づくことにつながったのではないだろうか。本書を通して新たな学びをスタートし，気づきを得ていこう。

---

❻約46億年前の地球の誕生から現在までのうち，直近数千年の記録の残っている有史時代（歴史時代）以前のことで，地質学的な手法でしか研究できない時代のこと。

❼惑星内部から揮発性成分＝ガスが噴出する過程。

❽偉大なものとしておそれうやまう。

1 地球上でもっとも 美しく恐ろしい自然景観

1 火山によってできた 景観

地球が誕生してから現代にいたるまで，地表面はさまざまに変化し，これからも変化し続けていく。この動きを人間の感覚ではとらえることはできない。もっとも移動速度が大きい太平洋プレートにしても年間10cm未満である。山の隆起も最大でcm単位であり，地震などによって地表面の大きな変化を経験することもあまりない。ただ，火山噴火による変化はすさまじい分，人間のスケールでとらえやすい。**SDGs11「住み続けられるまちづくりを」**の達成は容易ではないことを念頭に，噴火による環境変化について見ていこう。

2 セントヘレンズ火山 の爆発

大爆発によって山の形が大きく変化した近年の例として，1988年のセントヘレンズ火山（アメリカ・ワシントン州）の噴火があげられる【写真1】。山頂部分は大規模な山体崩壊によって岩屑なだれ❶が発生し，直径1.5kmにわたる馬蹄型の**カルデラ**❷が出現した。山の標高も2,950mから2,550mと低くなった。57名の尊い命を奪うとともに，鉄道は24km，高速道路は300kmにわたって損壊するなど，経済的にも深刻な被害が発生した。ただ，これほどの大規模な噴火にもかかわらず，行政は火山学者の予測によるハザードマップを活用し，山への立入制限をしていたため，人的被害は抑えられたと考えられている。

アメリカの火山は，太平洋側の火山帯およびハワイ島に限られている（▶p.18）。アメリカ本土での火山噴火は，20世紀以降ではこのセントヘレンズ火山とラッセン火山（カリフォルニア州）の2度しかない。現在，2つの火山はどちらも国立公園として有名である。

噴火10秒後　噴火42秒後　噴火52秒後　噴火60秒後

【写真1】セントヘレンズ火山爆発時の様子と現在

❶噴火や地震などで山体が大規模に崩落し，高速で流れる現象。低温の火砕流。　❷火山活動によってできた大きなくぼ地のこと。　❸河川の堆積作用によって形成される地形。　❹地層に横方向に力が加わって波形に曲がる現象。

③ 昭和新山の誕生

　日本列島の特色の1つに，平らな沖積平野❸が少ないことがあげられる。つまり狭い国土面積の中でも山の割合が高い国なのだ。理由としては地殻変動による褶曲❹，断層などにともなった山地形成，そして火山活動による地形改変がある。

　火山の噴火前は噴煙が多くなったり火山性地震が頻発したりするため，あとからそれらが前兆現象だったと考えられるが，実際は突然爆発したと感じられることが多い。こうした火山噴火の急激な変化とは異なり，どのように火山が誕生するのか，人間が直接その過程を見ることはほとんどできなかった。しかし1943（昭和18）年，北海道の畑から火山が誕生し，その様子が記録されていた例がある。昭和新山である【写真2】。

　1943年12月28日の活動開始から，1945年9月までの600日余りで，406.9mの新山が畑の中につくられた。当時郵便局長だった三松正夫氏は，独自に工夫した定点観測の方法で火山の成長を記録していった。それが【図1】だ。これは「三松ダイヤグラム」として国際的に有名となった。その後，三松氏は昭和新山の存在する一帯を購入し，自然保護に尽くした。

【写真2】昭和新山

2年で山ができたんですね

④ 大規模噴火による都市の壊滅

　爆発的な火山噴火のために，わずか1日で都市が壊滅した例は数多くある。もっとも有名なのが，イタリア・ナポリにあるベスビオス火山の噴火だろう。西暦79年に起きた噴火による火砕流❺は，ふもとのポンペイのまちを一瞬にして飲み込んだ。18世紀に入って発掘されたポンペイは，当時の人々の生活をそのままの状態で残している。

　こうした例は海外だけではない。日本でも，1783（天明3）年の浅間山噴火により，鎌原村（現在の群馬県嬬恋村）が土石流に飲み込まれ，ポンペイ同様ほぼ全域が埋まってしまった。のちの発掘作業によって，「日本のポンペイ」と呼ばれるようになっている（▶p.26）。

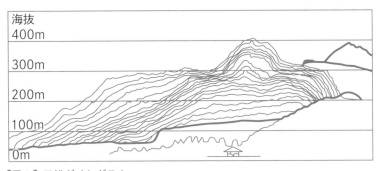

【図1】三松ダイヤグラム

海抜
400m
300m
200m
100m
0m

太平洋の島国をさがしてみよう

考えてみよう

世界の有名な火山噴火とその被害について調べてみよう。

❺噴火で放出された物体や火山ガスなどが混ざり合って流れる現象。速度は時速百km以上，温度は数百℃に達することもある。

火山の
ダイナミクス

2 火山と国立公園・国定公園・ジオパーク

① 日本の自然公園

日本には，**国立公園**，**国定公園**，都道府県立の**自然公園**など，多くの自然公園が存在する。国立公園は文字どおり国（環境省）が指定し，保護して管理する。国定公園は国が指定し，都道府県が管理する。都道府県立の自然公園は都道府県が指定して管理することになっている。その数は国立公園が34か所，国定公園が56か所，都道府県立自然公園が311か所となっている（2023年現在）。

これらの公園の活用は，SDGsのゴールとターゲットに直結する。**SDGs14「海の豊かさを守ろう」**，**SDGs15「陸の豊かさも守ろう」**をまさに実現する場所になる。

国や地域によって自然環境の特色はさまざまだが，日本列島における自然景観の特色は火山の存在が大きい。【図1】は日本の国立公園の分布図で，星印は火山の存在を意味している。特に北海道から中部地方，九州の国立公園は，日本の代表的な火山を含んでいることがわかるだろう。

【図1】 国立公園分布図：★は火山を含む国立公園

国立公園の多くは火山でもあるんだ

【写真1】徳之島の花こう岩（鹿児島県）

【写真2】火山噴出物による「ゴジラ岩」（秋田県男鹿市）

② 世界自然遺産

近年，国際的にも世界遺産が注目されている。世界遺産はUNESCO（国連教育科学文化機関）によって認定され，自然遺産と文化遺産に大別できる。SDGs11.4では「世界の文化遺産や自然遺産を保護し，保っていくための努力を強化する」とされている。

日本には25か所の世界遺産があるが，そのうち自然遺産に認定されているのは，鹿児島県・屋久島，青森県・秋田県にまたがる白神山地，北海道・知床半島，東京都・小笠原諸島，鹿児島県・沖縄県にまたがる奄美大島・徳之島・沖縄島北部および西表島の5か所である（2022年3月現在）。知床半島と小笠原諸島は，太平洋プレートが北米プレートとフィリピン海プレートそれぞれに沈み込むことによって生じた火山が見られるという魅力がある。

SDGsの観点から世界遺産を見ると，奄美大島・徳之島・沖縄島北部および西表島の存在は，SDGs14「海の豊かさを守ろう」を考えることにつながる。【写真1】は過去の火成活動による徳之島（2021年に世界自然遺産に登録）の花こう岩と海の景観である。

③ SDGsの視点から注目されるジオパーク

世界遺産と同様にUNESCOによって認定された自然景観として世界ジオパークがある（▶第1巻）。ジオパークの理念にはSDGsの観点からも重要な意義が含まれている。例えばSDGs14・15に示されたような自然の保全・保護はもちろん，教育・啓発への活用（SDGs4）や地域の振興が明確にされているのだ。SDGs12.bには「地域に仕事を生み出したり，地方の文化や特産品を広めるような持続可能な観光業に対して，持続可能な開発がもたらす影響をはかるための方法を考え，実行する」とあり，ジオパークの観光地化とつながっている【写真2】。

日本に存在する世界ジオパークは，すでに国立・国定公園に指定されているところも多い。たとえば，洞爺湖有珠山世界ジオパークは支笏洞爺国立公園であり，阿蘇ジオパークは阿蘇くじゅう国立公園，島原半島世界ジオパークは雲仙天草国定公園でもある。自然のダイナミクスをつくる火山活動は，地球上もっとも美しい景観をつくり出してきたといえる。噴火の前兆現象が見られない時に，ぜひ畏敬の念をもって火山に接してほしい。

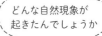

考えてみよう

自分たちの住んでいる地域にはどのような自然公園が存在しているか調べてみよう。また，その公園の景観をつくる自然の魅力は何か考えてみよう。

どんな自然現象が起きたんでしょうか

3 鉱物資源の形成と 地熱エネルギーの活用

1 火成活動と 人間生活への恩恵

平常時の火山は，国立公園・国定公園，ジオパークなどを構成する魅力ある景観をもつ。火成活動が人間生活に与える恩恵はそれだけではない。地下深部のマグマの活動は**鉱物資源**の形成と関連している。

鉱物資源はマグマが冷える時にさまざまな物質を取り込んだり，濃縮したりすることによってつくられる。工業生産を支える素材としてだけでなく，自然がつくった天然の美である**宝石**としてもその価値が重視されてきた。誕生石【写真1】は代表的な鉱物を集めたものといえる。ただ，**SDGs12「つくる責任 使う責任」**とあるように，自然界の鉱物資源は無尽蔵ではないことに注意しよう。

地熱発電も火成活動がもたらす恩恵の1

つだ。**SDGs7「エネルギーをみんなにそしてクリーンに」**で記されているように，最近は循環型エネルギーの開発と活用が人々に求められている。地熱エネルギーの開発と利用は今後ますます増えていくはずだ。

火成活動が人間社会へ与えてきたこれらの恩恵について，さらにくわしく見ていこう。

2 火成活動による 金属資源の形成

SDGsにおいて地下資源の重要性は繰り返し述べられている。たとえばSDGs12「つくる責任 使う責任」を構成するターゲットの1つ**SDGs12.2**では，「**2030年までに，天然資源を持続的に管理し，効率よく使えるようにする**」という目標が掲げられている。

日本は資源のない国といわれるが，これは

宝石は
天然の鉱物
なんだね

1月：ガーネット	7月：ルビー
2月：アメシスト	8月：ペリドット
3月：アクアマリン	9月：サファイア
4月：ダイヤモンド	10月：オパール
5月：エメラルド	11月：トパーズ
6月：真珠	12月：トルコ石

【写真1】 誕生石：月によっては2つから4つの誕生石があり，全部で29種類ある（全国宝石卸商協同組合制定）。

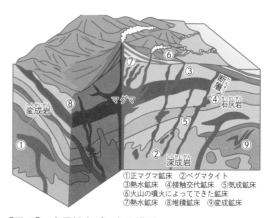

①正マグマ鉱床　②ペグマタイト
③熱水鉱床　④接触交代鉱床　⑤気成鉱床
⑥火山の噴火によってできた鉱床
⑦熱水鉱床　⑧堆積鉱床　⑨変成鉱床

【図1】 金属鉱床ができる場所

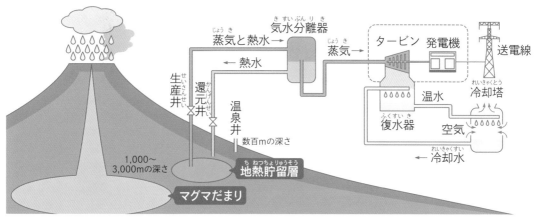

【図2】 地熱発電のしくみ

正しい表現ではない。むしろ火成活動が活発なだけに，金属資源の種類と量は豊富だった。狭い国土面積を考えると，かつては金属資源国家だったともいえる。金属資源を生み出す金属鉱床がどのような場所にできるのかは【図1】を見てほしい。

❸ 地下資源をめぐる公平性

SDGs10「人や国の不平等をなくそう」
にもとづいて，資源を持つ開発途上国と資源を採取する先進諸国との間で公平なルールについて検討されている。かつての日本は資源を持つ開発途上国だった。明治以降，日本の金・銀・銅が海外に大量流出した歴史がある。地下資源に関しては，自力で開発できない途上国と，有利な状況で自国に取り込もうとする先進諸国だけでなく，先進諸国同士での資源争奪戦も見られる。

❹ 期待される地熱エネルギー

SDGs7「エネルギーをみんなに　そしてクリーンに」で示されるように，安定的で安全なエネルギーの供給は世界共通の切実な課題となっている。さまざまな再生エネルギーの中で有望視されてきたのが，**地熱発電**だ【図2】。地下に高温のマグマが存在するところでは，地熱によってタービン（高温の蒸気やガスなどを動翼に吹き付け，それによって羽根車を回転させることで動力を得る原動機）を回転させてエネルギーを発生させることができる。

日本の地熱発電所は，東北と九州にあり，全国の地熱発電所の発電設備容量を合計すると約54万kW，発電電力量は2,472GWhとなっており，日本の電力需要の約0.2％をまかなっている（2019年度）。将来はこの割合が高まっていくかもしれない。火山帯に位置する日本は大きな可能性を秘めているともいえる。

❓ 調べてみよう

日本の地熱発電所は，どの地域に立地しているだろう。代表的な日本の地熱発電所について調べてみよう。

温泉で有名な所を調べるといいですよ

松川地熱発電所（岩手県）

プレートテクトニクスと火山

解説

**火山の
ダイナミクス**

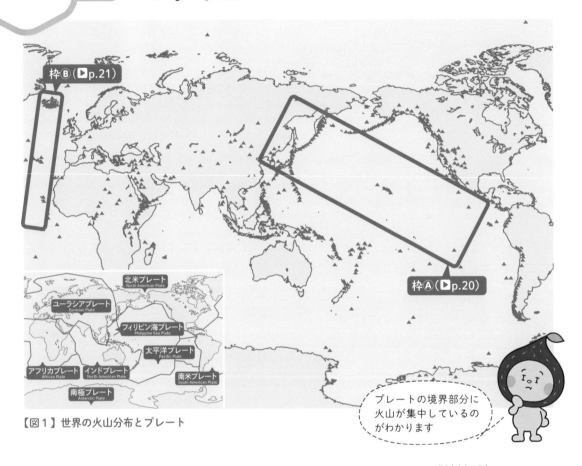

枠Ⓑ（▶p.21）

枠Ⓐ（▶p.20）

北米プレート
North American Plate

ユーラシアプレート
Eurasian Plate

フィリピン海プレート
Philippine Sea Plate

太平洋プレート
Pacific Plate

アフリカプレート
African Plate

インドプレート
North American Plate

南米プレート
South American Plate

南極プレート
Antarctic Plate

【図1】世界の火山分布とプレート

プレートの境界部分に
火山が集中しているの
がわかります

① 世界各地に存在する火山

　世界全体の火山分布を見てみよう【図1】。日本列島そのものが火山帯であり，日本列島を含めた環太平洋に集中していることが見てとれる。特に，プレートの境界部分に火山帯が多いことがわかるはずだ。
　火山噴火が起きると深刻な被害が発生することが予想される地域は，日本やアメリカ西部，地中海に面したヨーロッパ南部，ニュー

ジーランド北部などの先進諸国，さらにはフィリピン，インドネシア，南アメリカ西部，アフリカ東部などの開発途上国である。地域のかたよりはあっても，国の経済力を超えた国際的な課題である。
　SDGs13.1 は「**気候に関する災害や自然災害が起きた時に，対応したり立ち直ったりできるような力を，すべての国で備える。**」としており，自然災害には当然，火山噴火による災害も含まれる。

【写真1】ニーラゴンゴ火山

【図2】ニーラゴンゴ火山とプレートの関係

② 開発途上地域で生じた火山災害

　アジアやアフリカの開発途上国に関しては，火山災害に対しても**SDGs1「貧困をなくそう」**，**SDGs2「飢餓をゼロに」**，**SDGs3「すべての人に健康と福祉を」**といったアプローチが必要である。

　2021年5月にコンゴ民主共和国のニーラゴンゴ火山【写真1】で噴火が発生した。噴出した溶岩による被害は住宅数百棟におよんだ。さらに，避難時の混乱で交通事故が多発したり，家族が離れ離れになって子どもが行方不明になったりした。UNICEF（国連児童基金）によると，その数は170人以上とされている。UNICEFは未成年者を支援する施設を設置し，各国からもさまざまな支援が届けられた。日本のNGOも義援金を募ったり，被災地で災害支援活動をおこなったりした。ニーラゴンゴでは噴火が繰り返し発生しており，1977年の噴火では600人以上の犠牲が生じていた。2002年にも噴火し，150人以上が犠牲となっている。

　世界の火山帯とプレート境界の関係を見ると【図1】，アフリカ東部に火山帯が南北に走っているのは不思議な気がする。これは，

　この地帯が**グレート・リフト・バレー**（大地溝帯）と呼ばれ，現在も活発な正断層型（▶第1巻p.31）の地震活動と火山活動が続いている場所だからである【図2】。測量でも東西方向の伸長が観測されており，アフリカプレートは大地溝帯によって両側に広がりつつある。

　アフリカの北西部では，2021年スペイン領カナリア諸島が噴火し，犠牲者はいなかったものの7,000人以上の住民が避難を余儀なくされた。発生した溶岩流によって家屋1,300棟以上が破壊され，バナナ農園やブドウ畑を含む約1,250haの土地が溶岩に覆われてしまった。約4か月後，住民は戻ってきたが，住宅は溶岩の下敷きになったままで，道路は火山灰で塞がれ，水道管も溶岩で破損していたため，元の生活にいつ戻れるか見込みが立たない状態だった。

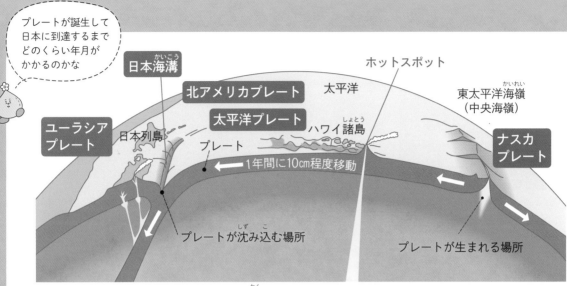

プレートが誕生して日本に到達するまでどのくらい年月がかかるのかな

日本海溝
北アメリカプレート
太平洋プレート
ユーラシアプレート
日本列島
プレート
ホットスポット
太平洋
ハワイ諸島
東太平洋海嶺（中央海嶺）
ナスカプレート
1年間に10cm程度移動
プレートが沈み込む場所
プレートが生まれる場所

【図3】太平洋におけるプレートの動き（図1枠Aの断面図）

そこで地元のバナナ農園がつくった団体が，降り積もった火山灰を使ったアニメーション動画❶を制作・公開し，島民に向けて生活再建を呼びかけた。動画は"You will rise from the ashes like a seed of hope（灰の中に希望の種を植えよう）"というメッセージから始まり，"You'll fly again and together we will light up the future（きっとまた飛べる　共に未来を照らそう）"と締めくくられている。

バナナ農園やブドウ畑などの復旧・復興は一朝一夕にできるものではない。政府からの住宅再建費用の支援もじゅうぶんではなかった。このように住民の生活再建がままならない中，観光に関しては，火山の見学で観光客が増加した。住民感情を考えると複雑なところもあるだろうが，もともとカナリア諸島は観光地でもあり，被災地の復興に**観光資源**の開発は欠かせないという例だろう。

③ プレートの動きと噴火のメカニズム

火山が発生するメカニズムについてプレー

トの動きを無視するわけにはいかない。

まず，プレートの発生場所は**海嶺**（海底にある山脈）である。ここはプレートが拡大する地域であるといってよい。誕生したプレートは海嶺の両側に移動し，別のプレートと衝突したり，別のプレートに沈み込んだりする。プレートが沈み込む海溝との一定距離に生じるのが，**火山フロント**（▶p.54）だ【図3】。

【図3】をもとに太平洋を見ると（▶p.18【図1枠A】），東太平洋海嶺から生成したプレートが日本海溝に沈み込むまでの間に，ハワイ島のような**ホットスポット**と呼ばれる場所があることがわかる【図4】。ホットスポットとは，マントル内の上昇流の先端が，プレートを突き抜けて地表に現れた火山活動地形と，それに起因する地面の高温現象を指す。

④ 火山噴火の共通性と多様性

世界各地の火山には，プレートの沈み込みによって発生したという共通点があるが，そのほか海嶺の例で示したように，プレートが拡大する地域での火山活動もある。これは海

❶動画は You Tube で見ることができる。

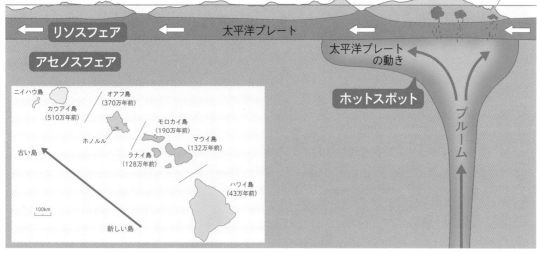

キラウエア火山
ロイヒ火山

ニイハウ島　カウアイ島　　　オアフ島　モロカイ島　マウイ島　ハワイ島

リソスフェア　←　←　太平洋プレート　←

アセノスフェア

太平洋プレートの動き

ホットスポット

プルーム

ニイハウ島
カウアイ島
（510万年前）

オアフ島
（370万年前）
ホノルル

モロカイ島
（190万年前）

ラナイ島
（128万年前）

マウイ島
（132万年前）

古い島

ハワイ島
（43万年前）

100km

新しい島

【図4】ハワイ諸島とホットスポットの関係

の中だけでなく陸地においても同じであり，グレート・リフト・バレー（▶p.19）が見られる東部アフリカが典型的な例である。アフリカでは大規模な地震活動は少ないが，プレートの動きによって火山活動は頻繁に起きている。

アイスランドも，大西洋中央海嶺に沿って地表に向かって高温のマントル物質が上昇するプレートの拡大地域である。（▶p.18図1枠Ⓑ）。

一方，プレート境界に位置しないホットスポットでは，マグマの供給源はマントル深部にあり，その場所はあまり動かない。マグマの噴出によってできた火山は，移動する海のプレート上にある。そのため，火山の位置は時代とともにホットスポットから遠ざかっていく。【図4】のように，ハワイ諸島のカウア

イ島，オアフ島，モロカイ島，マウイ島，ハワイ島が並んでいる理由は，このメカニズムによる。

ホットスポットは陸上にもある。アメリカのイエローストーン国立公園は，その1例だ。

【写真2】イエローストーン国立公園

調べてみよう

世界各地で発生した火山災害について，2つの観点から調べてみよう。
①火山噴火の特色とメカニズム
②被害状況と国内外からの支援について

18ページの分布図が参考になるね

21

2
火山噴火
の脅威
きょうい

1 火山噴火と気候変動

① 気候変動に影響を与える火山噴火

SDGs全体の中で，繰り返し地球温暖化にともなう気候変動への対策が求められている。特に**SDGs 13**は**「気候変動に具体的な対策を」**と記されている。温室効果ガスの１つでもある二酸化炭素（CO_2）が，気温上昇に関係していることからできたゴールだ。

太陽からの紫外線は地球表面に到達した後，波長の長い赤外線として再び宇宙空間に放出される。だが，地球表面の空気中に赤外線を吸収するCO_2が増加すると，赤外線は宇宙に放出されず，地球を覆って表面温度を上昇させる。これが温暖化の原因の１つだ。

IPCC第６次評価報告書（▶p.10）では気候変動について，「人間の影響が大気，海洋および陸域を温暖化させてきたことには疑う余地がない。大気，海洋，雪氷圏および生物圏において，広範囲かつ急速な変化が現れている。気候システム全般にわたる最近の変化の規模と，気候システムの側面の現在の状態は，何世紀も何千年もの間，前例のなかったものである」と警鐘を鳴らしている。

ただ，気候変動の原因はCO_2だけではない。大規模な火山噴火が発生すると，地球全体の気温が降下することがこれまでにも報告されている。たとえば1991年6月，フィリピンのピナツボ火山が20世紀最大と呼ばれるほどの噴火を起こし【写真1】，**成層圏❶**の下層に多量の**硫酸エアロゾル❷**（液滴）を放出した。翌年には地球の平均地上気温が最大約0.5℃低下したことが観測されている【図1】。硫酸エアロゾル密度は，ピナツボ噴火直後から急速に増加して約半年後に最大となり，その後徐々に減少している（図1緑線）。気温はそれと逆の変化をしていることがわかる（図1赤線）。【図2】はピナツボ火山をはじめとし，1982年3月にメキシコのエルチチョン火山【写真2】などが噴火した時の地球大気への影響を示したものである。

【写真1】噴火時のピナツボ火山

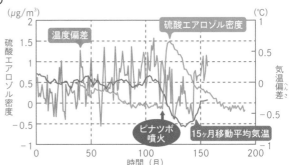

【図1】噴火による硫酸エアロゾル放出と気温の関係

❶地上から10km〜50kmにある空気の層。

❷工場の排気ガスや火山ガスなどに含まれる二酸化硫黄（SO_2）が硫酸に化学変化し，水分を取り込んで微粒子（エアロゾル）になったもの。

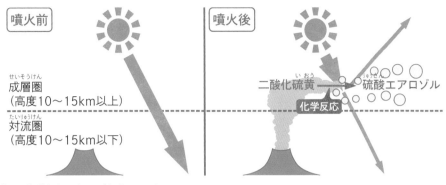

【図2】「火山の冬」が起きるしくみ

2 噴火による気温低下のメカニズム

火山の爆発的な噴火によって空中に放出された火山灰や霧状の硫酸エアロゾルが，太陽光をさえぎったことで気温が上昇しない現象を「**火山の冬**」と呼ぶことがある。長期間におよぶ冷却効果の原因は，おもに大気上層部に構成されるエアロゾル中の硫黄化合物の増加である。噴火により高度約10〜15km以上の成層圏に放出された二酸化硫黄（SO_2）が，大気中の酸化という化学反応によって，粒子サイズ0.5μm（マイクロメートル）以下の硫酸エアロゾルを形成する。硫酸エアロゾルは太陽光を散乱するため，地上に到達するエネルギーを減少させてしまうことが気温低下の主なメカニズムだ【図2】。

3 大規模な火山噴火の人間生活への影響

1815年4月に起きたインドネシアのタン

【写真2】エルチチョン火山

ボラ山の噴火は，有史以来最大級といわれるもので，多数の犠牲者が生じた。莫大な量の火山灰が噴出され，成層圏にまで達した噴煙や火山灰のエアロゾルによって世界平均気温が約1.7℃も低下し，世界中で「夏のない年」と呼ばれるほどの冷夏となった。北ヨーロッパは異常気象となり，アメリカ合衆国北東部でも7月に雪が観測され，世界的に深刻な農作物の不作が起きた。

歴史をさかのぼると，1315年から1317年にかけて起きたヨーロッパの大飢饉は，ニュージーランドにあるタラウェラ山の5年ほど続いた火山活動（カハロア噴火）によって引き起こされたものだったと考えられている。

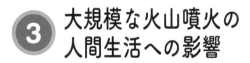
調べてみよう／話しあってみよう

大規模な火山噴火によって，世界的なレベルで気候変動が生じた例を調べてみよう。さらに，その噴火が人間生活や社会にどのような影響があったかを踏まえて，火山噴火とSDGs1「貧困をなくそう」，SDGs2「飢餓をなくそう」，SDGs3「すべての人に健康と福祉を」との関係を話しあってみよう。

火山噴火
の脅威

2 火山噴火
の脅威

2 先史時代の西日本を壊滅させた大噴火 —始良カルデラ・鬼界カルデラ

① 火山の大規模爆発とジオパーク

これまでSDGs14「海の豊かさを守ろう」，SDGs15「陸の豊かさも守ろう」の目標について述べてきたが，火山噴火の凄まじさを考えると，自然の脅威から人間自身を守ることの必要性について改めて考える必要がある。

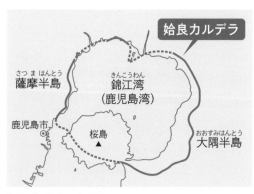

【図1】始良カルデラ

【図2】鬼界カルデラ

SDGs11「住み続けられるまちづくりを」は人類共通の願いである。有史以来，人々は環境に適応するために懸命に自然との調和に取り組んできた。しかし，自然の急激な変化によって，住んでいる場所を去らなくてはならないことも度々あったはずだ。文献の残っていない時代でも，大噴火の痕跡から火山の脅威と被害を推測することは可能である。

これから紹介するのは，鹿児島にある桜島・錦江湾ジオパークと三島村・鬼界カルデラジオパークの火山だ。この2つのジオパークは大規模な**カルデラ❶**と海とのダイナミックな景観を楽しむことができるが，どちらも爆発的な火山活動によってできた地形であり，大噴火の様子を知ることができる。

② 始良カルデラ・鬼界カルデラの凄さ

桜島の東側は大隅半島とつながっているが，西側の鹿児島市との間には錦江湾がある。この湾にはかつて始良火山が存在し，大噴火後に**始良カルデラ**となった【図1】。現在の形をつくるような噴火が起きたのは今から約3万年前と考えられているが，それ以前からも噴火が繰り返され，複数のカルデラで構成されていることがわかっている。

さらに，鹿児島から約100km南にある**鬼**

❶火山活動によってできた大きなくぼ地のこと。

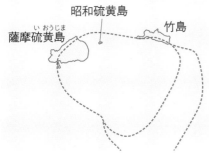

【図3】現在の鬼界カルデラ

【写真1】アカホヤ噴火前の溶岩と火砕流堆積物

界カルデラ【図2，図3】は，7,300年前の超巨大噴火（アカホヤ噴火）で火砕流が海を越えて薩摩半島や大隅半島にまで達し，広い地域の生物と縄文文化が壊滅したと考えられている。東日本に比べて西日本の縄文文化が目立たないのは，この噴火の影響だと推測されている。

③ 火山灰の範囲

カルデラ以外にも大規模噴火の凄まじさを示す指標がある。火山灰が偏西風に運ばれた範囲だ。成層圏まで上昇した噴煙は，遠く東北地方にまで降り積もった。それぞれの噴火による火山灰の分布を見ると，驚くほど広範囲にわたっている【図4，図5】。

④ もし今後噴火したら

姶良カルデラや鬼界カルデラの噴火は，旧石器時代や縄文時代の九州をはじめ，西日本全体に大きな影響を与えた。鹿児島県川内市には川内原子力発電所が立地している。姶良カルデラと同規模の噴火が発生しても原子力発電所には影響がないように設計されている

【図4】姶良カルデラの火山灰分布図

【図5】鬼界カルデラの火山灰分布図

とのことだが，いざ噴火した時，人間が発電所や周辺にいることができなくても稼働することが可能なのか，発電所が必要なのかといったことが心配される。

調べてみよう

これまでに国内外で起きた海底火山の噴火によって，日本はどのような影響を受けたことがあるのかを調べてみよう。

津波のほかにどんな影響があるのかな

火山噴火
の脅威
きょうい

3 日本のポンペイ
ー鎌原村の悲劇と復興
かんばらむら　　ひげき

【写真1】観音堂の階段

① 都市を壊滅させる
かいめつ
大規模噴火
だいきぼふんか

イタリアのベスビオス火山はポンペイのまちを壊滅させたが（▶p.13），近世の日本でも
かいめつ
集落が壊滅する噴火があった。

群馬県と長野県の境界に位置する標高
ぐんまけん　ながのけん
2,560mの浅間山が，1783（天明3）年に大
あさまやま
規模な噴火を起こした。とてつもない被害を
ひがい
受けたのは山麓の鎌原村である。考古学的な
さんろく　かんばらむら
発掘によって，当時の村の生活ぶりが解明さ
はっくつ
れつつある状況から「日本のポンペイ」と呼
じょうきょう
ばれる。

② 発掘された人骨

鎌原村が注目されたのは，観音堂の階段の
かんのんどう　かいだん
下に埋まっていた2体の人骨が発掘された
う　　　　　　　　　じんこつ
ことによる【写真1・2】。年配の女性と比較
的若い女性と鑑定された。若い女性が年配の
かんてい
女性を背負い，階段の途中で噴火による「岩
とちゅう
屑なだれ」（▶p.12）に巻き込まれたと考えら
せつ　　　　　　　　　ま　こ
れている。この2人には血縁関係がないこと
けつえん
もわかっているが，義理の母娘か近所の隣人
りんじん
であったのかなどは不明である。

ちょっと怖い写真ですが貴重な
こわ
発掘調査の様子がよくわかります

【写真2】発掘の様子と人骨

❶1782（天明2）年から1788（天明8）年にかけて発生した。日本の人口史を研究した関山直太郎［1902-1985］によると，1780年に2,601万人だった日本の人口は，1798年には2,547万にまで減ったとされる。

【図1】浅間山噴火による被害の範囲と現在の鬼押出し

③ 鎌原村を含めた広域な被害

当時の鎌原村の全人口は570人と推測されているが、そのうち477名が亡くなり、家屋の被害は93軒、耕地のほとんどが被害を受けるなどの甚大な損失の記録が残されている。鎌原村の悲劇は、浅間山の噴火によって流れ出た溶岩の影響を受け、山の地肌から削ぎ取られた岩なども入り混じる「岩屑なだれ」の直撃を受けたことが大きかった。

噴火の被害を受けたのは鎌原村だけではない。火砕流や岩屑なだれが浅間山の北側にある吾妻川に入り、大泥流となっていたところで洪水が発生した。流域の村々は深刻な損失を受け、最終的にこの災害で1,500人以上の犠牲が生じたとされている【図1】。

さらに、成層圏にまで達した火山灰が太陽光をさえぎり、農作物に悪影響を与えたことが、天明の大飢饉❶の原因の1つになったともいわれている。

この時の噴火によって生じた溶岩によってつくられた景観は、現在「鬼押出し」と呼ばれており、周辺は観光コースとしても整備されている。浅間山北麓ジオパークと上信越国

立公園に指定され、訪問者も多い。

④ 鎌原村の復興

凄まじい被害が生じた時、生き残った人たちはどのような選択を迫られるだろうか。1つ目は、それまで住んでいた場所から離れて別のところで新たな生活を始めるというもの。2つ目は、生き残った人たちで村を復興させるために努力するというものだろう。

鎌原村の人たちは後者を選んだ。家族や財産を失った悲しさを乗り越え、93人の人々は新しい家族をつくり、子孫を増やして村の再構築に努めた。その結果、噴火の30年後には、家屋も畑も元の3分の1ほどまでに回復した。村の存続・復興のために、老若男女一人ひとりができる限りの役割を果たしていたことがうかがえる。特にその後の人口増と復興を考えると、女性の労苦と、それを支えた家族の大変さは想像すらできない。

SDGs5「ジェンダー平等を実現しよう」
という視点は、地域全体が大変な災害に遭ったあとの復旧・復興に欠かせないゴールといえるかもしれない。

調べてみよう

有史以来、日本の各地は大規模な火山噴火によって大きな被害を受けてきた。人々がどのように復旧や復興に取り組んだのか、自助・共助・公助の視点から調べてみよう。

みんなで助け合ってきた歴史だね

4 雲仙普賢岳と火砕流

1 火砕流の恐ろしさまざまざと

　人間が，新たな火山が誕生する状況を目の当たりにして，記録する機会は滅多にないことを昭和新山の例で紹介した（▶p.13）。しかし，日本では平成に入ってからも火山が誕生し【写真1】，噴火の凄まじさを知ることになった。1991（平成3）年6月に発生した火砕流によって，犠牲者43名が生じた長崎県の**雲仙普賢岳**の噴火である。

2 1991年の平成新山と火砕流の災害

　当時の雲仙普賢岳は，噴火の前兆と考えられる火山性地震や噴煙などが見られていたこともあり，地元警察や消防による警戒態勢が取られていた。第1巻で紹介した江戸時代の「島原大変肥後迷惑」と呼ばれる眉山の崩壊

を始め，過去に何度か爆発的噴火を起こしたという歴史的経緯と，噴火と関連してできた**溶岩ドーム❶**の存在もあり，国内外の研究者が現地調査に訪れ，マスコミは山の様子を連日報道していた。

　こうした状況の中，6月3日に大規模な火砕流が発生した【写真2】。逃げ遅れたり救出にあたっていた人が二次災害に巻き込まれたりするなどして，当時としては戦後最大の43名にのぼる犠牲者が出た。その中には，フランスの火山学者クラフト夫妻も含まれている。彼らは危険を冒して火山の記録を試み，火砕流に飲み込まれてしまったのだ。犠牲になったカメラマンが，直前まで撮影した映像が今も残されている。

3 レジリエンスの強化

　噴火後，国と長崎県は，地域の防災，振興，活性化に不可欠な砂防・治山ダムなどの整備

【写真1】平成新山　　　　　　　　【写真2】雲仙普賢岳の噴火（長崎県，1991）

❶火山から粘度の高い水飴状の溶岩が押し出されてできた，ほぼドーム状の地形のこと。溶岩円頂丘とも。
溶岩ドームと火砕流のしくみ－中学｜NHK for School で動画が見られます。

【写真3】手前から島原城石垣，眉山，平成新山

事業を実施した。具体的には，島原半島全体を視野に入れた地域の再生について検討を行い，島原地域再生行動計画（愛称：がまだす計画）を策定した。SDGs13.1「**気候に関する災害や自然災害が起きた時に，対応したり立ち直ったりできるような力を，すべての国で備える**」につながる計画だったといえるだろう。

④ 島原半島の歴史

雲仙普賢岳がある島原半島には，火山噴火以外にもさまざまな歴史が残されている。悲劇でいえば，火山噴火よりも人間活動かもしれない。日本史上，この地域がもっとも有名になるのは**島原の乱**だろう。徳川幕府は1612（慶長17）年に禁教令を出し，キリスト教を禁じた。キリシタンと呼ばれたキリスト教信者に対する弾圧と農民への重税などが要因となり，1637（寛永14）年に島原で民衆による一揆が勃発。一揆勢は島原城下に及ぶと，町家や寺社などを焼き払い，藩士と町人たちは島原城に籠城した。藩は攻撃を受けな

がらも抗戦したため，一揆勢は廃城になっていた原城へ籠城した。この戦いによって一揆勢37,000人，幕府側1万人以上が犠牲となったといわれている。雲仙普賢岳を借景とする島原城は，江戸時代に築城された近世城郭の代表で，荘厳な建築がすばらしいが，この乱によって実戦を経験した数少ない城の1つとなった【写真3】。

現代の日本では，SDGsのように海外から入ってくるさまざまな情報や考え方は当然のように受け入れられている。しかし，江戸時代の価値観はそうではなかった。島原の乱のあと，日本は260年にわたって「鎖国」と呼ばれる政策をおこなう。オランダ・中国・朝鮮以外の国との交渉を絶ったのである。**SDGs17「パートナーシップで目標を達成させよう」**の考え方からすると信じられない時代といえる。

「鎖国」については，海外との交流の必要性という観点のほか，過去を否定的にとらえるのではなく，海外からの影響を受けなかった場合どのような文化が形成されることになるのか，といった観点からも考えてみよう。

？ 調べてみよう

雲仙普賢岳の噴火の後，長崎県や島原市，そして地域がどのように防災・減災と復興に取り組んできたのか，SDGs11「住み続けられるまちづくりを」との関係性を踏まえて調べてみよう。

日本列島における火山形成のメカニズム

① 日本列島の火山活動

　日本列島における火山分布の特色を考えてみよう。【図1】は日本列島に存在する活火山（かっかざん）の状況（じょうきょう）だ。特に赤い三角の活火山は気象庁が24時間監視（かんし）している常時観測火山である。

　活火山の分布から，噴火（ふんか）は日本各地どこでも発生するものではないことが読み取れる。近畿（きんき）や四国地方は火山の空白地帯といってよいし，中国地方にも常時観測火山が存在（そんざい）しない。

　さらにプレート境界と火山の分布を示した【図2】から，北海道や東北地方では，千島海溝（ちしまかいこう）や日本海溝から一定の距離（きょり）をもって平行に火山帯が列をなしているのが読み取れる。また，伊豆（いず）・小笠原（おがさわら）海溝や南海トラフからも一定の距離をもって火山帯が存在していることも読み取れる。この火山の分布は**火山フロント**（前線）と呼（よ）ばれている。

> 日本は火山の国でもあるんだね

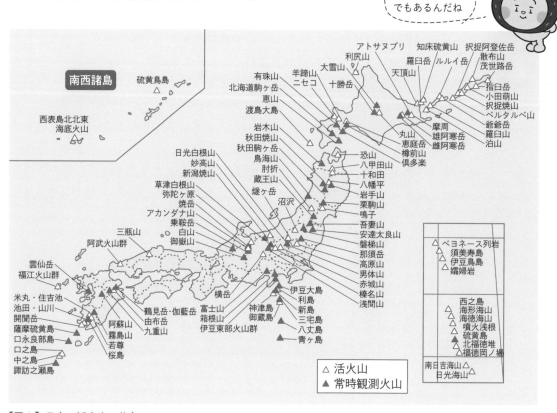

【図1】日本の活火山の分布

南西諸島

硫黄鳥島

西表島北北東海底火山

アトサヌプリ　知床硫黄山　択捉阿登佐岳
利尻山　　　　羅臼岳　ルルイ岳　散布山
大雪山　　　　　　　　　　　　　茂世路岳
有珠山　　　　天頂山　　　　　　指臼岳
北海道駒ヶ岳　羊蹄山　　　　　　小田萌山
恵山　　　　　ニセコ　十勝岳　　択捉焼山
渡島大島　　　　　　　　　　　　ベルタルベ山
岩木山　　　　　　　　　丸山　　爺爺岳
秋田焼山　　　　　　恵庭岳　　　羅臼山
秋田駒ヶ岳　　　　樽前山　摩周　泊山
鳥海山　　　恐山　　俱多楽　雄阿寒岳
肘折　　　　八甲田山　　　雌阿寒岳
蔵王山　　　十和田
燧ヶ岳　　　八幡平
　　　　　　岩手山
日光白根山　栗駒山
妙高山　　　鳴子
新潟焼山　　吾妻山
草津白根山　安達太良山
弥陀ヶ原　　磐梯山
焼岳　　　　那須岳
アカンダナ山　高原山
乗鞍岳　　　男体山
白山　　　　赤城山
御嶽山　　　榛名山
沼沢　　　　浅間山
三瓶山
阿武火山群
雲仙岳
福江火山群
米丸・住吉池
池田・山川　　横岳　伊豆大島
開聞岳　　　　利島　新島
薩摩硫黄島　鶴見岳・伽藍岳　神津島　三宅島
口永良部島　由布岳　富士山　御蔵島　八丈島
口之島　　　阿蘇山　箱根山　　　　青ヶ島
中之島　　　霧島山　九重山
諏訪之瀬島　若尊
　　　　　　桜島　　伊豆東部火山群

ベヨネース列岩
須美寿島
伊豆鳥島
孀婦岩

西之島
海形海山
海徳海山
噴火浅根
硫黄島
北福徳堆
福徳岡ノ場

南日吉海山
日光海山

△ 活火山
▲ 常時観測火山

② 北海道・東北地方を中心とした火山

　まず，国内でも多くの活火山が存在する北海道の火山分布を見てみると，火山帯は2つに分けることができる【図3】。

　1つはカムチャッカ半島から北方領土，そして北海道東部へと，太平洋プレートが千島海溝に沈み込んで形成された**千島火山帯**。もう1つは太平洋プレートの日本海溝への沈み込みに関係した，北海道西部の**那須火山帯**である。那須火山帯は東北地方の火山に続いており，東北地方の火山帯は【図4】のように日本海溝と平行に，火山フロントより西側に，ほぼ南北に存在している。また，那須火山帯と平行して，西側には**鳥海火山帯**も南北に走っている。

千島火山帯

那須火山帯

利尻山
知床硫黄山
羅臼岳
天頂岳
ニセコ
羊蹄山
屈斜路
大雪山
カルデラ
アトサヌプリ
十勝岳
丸山
摩周
摩周カルデラ
恵庭岳
火山前線
雄阿寒岳
樽前山
倶多楽
雌阿寒岳
有珠山
北海道駒ヶ岳
恵山
渡島大島

▲ 活火山
カルデラ

【図3】北海道の火山帯

▲ 主要な火山
― 火山フロント

那須火山帯
千島火山帯
ユーラシアプレート
北米プレート
千島海溝
火山フロント
鳥海火山帯
東日本火山帯
那須火山帯
日本海溝
大山火山帯
乗鞍火山帯
相模トラフ
太平洋プレート
伊豆・
富士火山帯
小笠原海溝
霧島火山帯
南海トラフ
フィリピン海プレート

西日本火山帯

【図2】プレート境界と活火山の分布

那須火山帯

鳥海火山帯

恐山
岩木山
八甲田山
十和田
秋田焼山
八幡平
秋田駒ヶ岳
岩手山
鳥海山
栗駒山
肘折
鳴子
蔵王山
吾妻山
磐梯山
安達太良山
沼沢
燧ヶ岳

富士火山帯

▲ 活火山

【図4】東北の火山帯

③ フォッサマグナの火山帯

日本列島の地質を北東日本と西南日本に大きく分けるのが，**糸魚川‐静岡構造線**と呼ばれる，かつての大断層だ。糸魚川‐静岡構造線を西縁として，日本列島の中央部の窪地が**フォッサマグナ**[1]地域と呼ばれる。フォッサマグナ東縁は西縁に比べて不明瞭な部分もあるが，一般的には【図5】のように考えられている。

フォッサマグナの中央部には，南北に火山の列が続く。新潟焼山，妙高山，草津白根山，浅間山，八ヶ岳，富士山，箱根山などだ。これらの山ができた成因の1つとして，フォッサマグナ内に働く力によってできた断層にマグマが入り込み，地表に噴き出たことが考えられている。

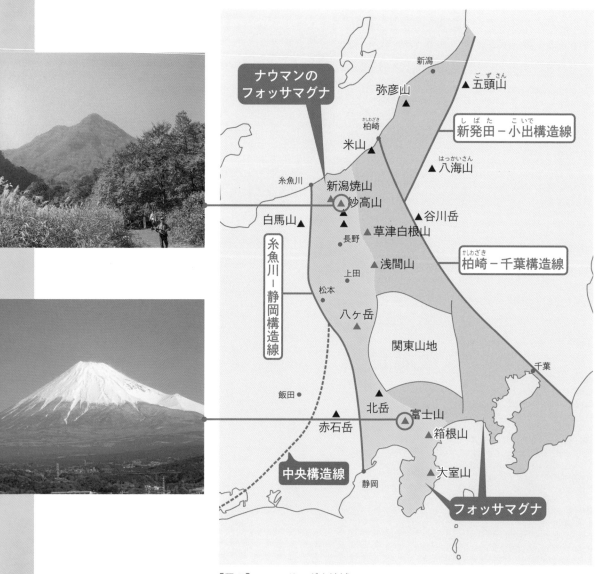

【図5】フォッサマグナ地域

[1]ラテン語で「大きな溝」という意味。ドイツ人地質学者ナウマン博士［1854-1927］が発見し，命名した。

太平洋に
分布する火山

太平洋プレートは，北米プレートだけでなく，フィリピン海プレートと呼ばれる海のプレートにも沈み込んでいる。そのため，太平洋においても南北に火山島が並んだような景観になる。この火山帯については伊豆大島三原山の噴火の所で触れる（▶p.54）。

 中国・四国地方
と九州の火山

地震と異なり少し説明がつきにくいのが，フィリピン海プレートのユーラシアプレートへの沈み込みによる火山帯である。フィリピン海プレートの九州南部から南西諸島への沈み込みによる火山については，納得がいくことだろう（▶【図2】）。しかし，四国・中国地方では，気象庁が常時警戒している火山は存在しない（▶【図1】）。フィリピン海プレートの四国・中国方向への沈み込みが浅いこと，プレートの形成年代自体が九州方面に比べて新しいことなどから説明されているが，明確な理由がわかっているわけではない。

一方，九州の火山については，【図6】のように分布している。数も多く，最近も噴火した火山が複数存在する。かつては，北側を**大山火山帯**（白山火山帯），南側を**霧島火山帯**と呼ぶことが多く，これに千島，那須，鳥海，富士の4つの火山帯と中部地方の南北を走る

鶴見岳・伽藍岳
由布岳
九重山
阿蘇山
雲仙岳
うんぜんだけ
福江火山群
ふくえ かざんぐん
大山火山帯
だいせん

霧島山
きりしまやま
米丸・住吉池
よねまる すみよしいけ
若尊
わかみこ
桜島
開聞岳
かいもんだけ
池田・山川
いけだ やまがわ
薩摩硫黄島
さつま いおうじま
口永良部島
くちのえらぶじま
霧島火山帯
きりしま
口之島
くちのしま
中之島
なかのしま
諏訪之瀬島
すわのせじま

0km   100km

【図6】九州の火山帯

「乗鞍火山帯」を加えた7つを，火山帯の地理的な分布としていた。今日では太平洋プレート，フィリピン海プレートの沈み込む場所から「東日本火山帯」と「西日本火山帯」の2つに区分されることが多い（▶【図2】）。

地震との関係も調べてみましょう

プレートの動きと火山は関係が深いんだね

1 世界遺産としての富士山

1 日本の象徴・富士山

　富士山は昔から日本を代表する山としてだけでなく，日本の象徴としてもとらえられてきた。世界文化遺産（▶p.15）にも認定されているその魅力は，3,776mという日本最高峰の標高はもちろん，どの方向から見ても均整の取れた稜線❶だろう。単体としての富士山の形そのものが神秘性をもっている。

　その神秘的な美しさゆえか，古代から多くの人々が富士山に畏敬の念を抱き，宗教的な価値を見出してきた。大規模な噴火の発生が人間に与えた衝撃も容易に想像できる。それだけに，登頂自体に価値がある霊峰になったともいえるだろう。また，富士山は絵画をは

絵の題名になっている「凱風」は南からやわらかに吹く風のことなんだって

【図1】葛飾北斎「冨嶽三十六景　凱風快晴」

じめとする芸術作品にも多く登場する。葛飾北斎［1760？～1849］❷「冨嶽三十六景」【図1】や横山大観［1868-1958］❸「赤富士」が代表的だ。

　富士山は，自然と人間との関わりの深さや24にものぼる構成資産❹の豊富さから，世界自然遺産ではなく世界文化遺産として認定された。そんな富士山について，SDGsやESDの視点でとらえてみたい。

2 富士山の魅力をつくった火山活動

　富士山は，現在見られるような形で1つの火山としてできたのではなく，4つの時期ごとに違った場所での噴火によって形成された山が重なった結果，今の姿になったと考えられている【図2】。もっとも新しい江戸時代の宝永噴火（1707年）は，頂上の火口からではなく東側の噴火口からの噴火である。

　もちろん富士山周辺の地形は噴火だけでできたのではなく，複数のプレートの動きとも関連している（▶p.18）。今から千数百年前の貞観大噴火［864-866］の時には，多くの割れ目噴火も発生し，今もその時の火山列を観察することができる。さらに，富士山の表面には宝永噴火の跡だけでなく，大沢崩れ❺など崩壊の跡も見られる。

❶峰から峰へと続く線。尾根。　❷江戸時代後期の浮世絵師。　❸明治から昭和にかけて活躍した日本画家。　❹登山道や湖，遺跡や神社など24か所ある。　❺西側の斜面にある大きな谷。日々少しずつ崩落が起きている。国土交通省富士砂防事務所のサイトがくわしい。

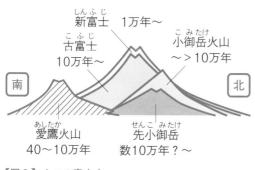

【図2】4つの富士山

新富士 1万年～
古富士 10万年～
小御岳火山 ～＞10万年
愛鷹火山 40～10万年
先小御岳 数10万年？～
南　北

【写真1】吉田の火祭り（富士吉田市）

【写真2】忍野八海（忍野村）

③ 富士山の噴火とハザードマップ

　富士山をつくった4つの山が噴火したあとも，富士山は何度となく噴火を繰り返している。富士山は活火山であり，噴火は過去のできごとではなく，これからも噴火する可能性は高い。むしろ噴火しないはずはないともいえる。噴火時に発生する溶岩流，火砕流，噴石，火山灰，岩屑なだれなどに備えて，周辺自治体ではハザードマップ❻をつくっている。

④ 富士山の構成資産

　富士山周辺には世界文化遺産に登録された多くの構成資産が存在する。
　北口本宮冨士浅間神社は日本武尊が「富士の神山は北方より登拝せよ」としたことが始まりとされ，788年には現在の位置に社殿が建てられたとされている（▶p.11）。

　山麓の地域では重要無形民俗文化財「吉田の火祭り」がおこなわれている【写真1】。高さ3mほどの大松明が道路に90本近く並び，家ごとにも用意された松明が一斉に点火されると，町中は火の海に見え，溶岩流を彷彿とさせる光景が広がる。また，天然記念物である忍野八海は，富士山の伏流水が水源の湧水池である【写真2】。

富士山の名前がつく山は47都道府県すべてにあるそうです

？ 探してみよう

日本各地には〇〇富士と呼ばれる山が数多く存在する。自分たちの住んでいる地域でそうした山がないかさがしてみよう。見つかったら，その山はいつくらいにでき，どのような岩石から構成されているのか調べてみよう。

2 温泉の不思議と魅力

1 温泉の分布と火山帯の分布

温泉は観光資源としても，伝統文化としても，日本における最大の火山の恩恵の一つといってもよいだろう。しかし，温泉と深い関わりのある火山は全国すべての地域に存在するわけではなく，北海道，東北，中部，九州地方にかたよっている。西日本の代表的な温泉地である有馬温泉（兵庫県），道後温泉（愛媛県），城崎温泉（兵庫県），白浜温泉（和歌山県）などは周辺に火山はない。火山分布図（▶p.30）を見ると，火山が分布しない範囲が意外と広いことがわかるだろう。

2 温泉のでき方

温泉は，マグマなどの地下の熱源によって地下水が温められてできる。火山地帯のように熱源が近くに存在すれば，当然温泉ができやすい。

しかし，火山が付近に存在しないにもかかわらず温泉が出る例もある。その1つである有馬温泉を見てみよう。西日本では，フィリピン海プレートがユーラシアプレートに沈み込むことによってマグマが発生する。しかし，西側の九州地方への沈み込みに比べて，四国・中国地方はプレートの形成年代も新しく，沈み込みの角度が浅いことも推測されて

いる。それでも地下深部にはプレートの沈み込みによる影響によって高温の岩体が形成されるので，温められた地下水が断層の亀裂を通って上昇して温泉になっている。有馬温泉もこのタイプだと考えられている。

江戸時代につくられた「温泉番付表」によると，有馬温泉は西の大関（当時の最高位）に位置している。その歴史は古く，奈良時代の高僧・行基［668-749］が基礎を開いたといわれ，戦国時代には豊臣秀吉が何度も通っている【写真1】。

3 地下の温度勾配と温泉

地表から深くなるほど地温は上昇する。約100m下がると温度は3℃上昇するため，単純計算だと1,000m地下では地表面より30℃高くなっていることになる。つまり1,000m以上掘れば，温泉が存在すること

【写真1】有馬温泉湯山御殿跡（神戸市）：当時としては珍しく横たわって湯につかることができるような浅さに設計されたもの。

❶各地方の地名由来・産物・伝承などをまとめた奈良時代の書物。現存しているのは常陸・出雲・播磨・豊後・肥前の5つ。

になる。東京や大阪のような沖積平野の下でも，理論的には温泉が存在していることになるのだ。

【写真2】海地獄

④ 観光地としての温泉

温泉にはさまざまな効能があり，健康推進のために利用されることが多いが，温泉につかって体感するだけでなく，視覚的なアプローチから温泉への興味を高める観光地が存在する。大分県の**別府温泉地獄めぐり**だ。

『豊後国風土記』❶によると，千年以上も昔から噴気・熱泥・熱湯などが噴出していたことが記されている。温泉に含まれている成分によってお湯が青色になったり赤色になったりするため，海地獄【写真2】や血の池地獄【写真3】と呼ばれているほか，一定周期で水蒸気や熱湯を噴出する間欠泉も存在し，龍巻地獄【写真4】と呼ばれている。見るだけでも楽しめる温泉といえるだろう。

【写真4】龍巻地獄

酸化鉄・酸化マグネシウムなどを含んだ泥で赤く染まるんだそうお湯の温度は約78℃!!

【写真3】血の池地獄

調べてみよう

自分の住んでいる周辺に温泉が存在するかどうか調べてみよう。

どんな特色があるかな

火山の魅力

3 日本の金銀銅山と鉱床

火山の魅力

3 日本の金銀銅山と鉱床

1 黄金の国「ジパング」

マルコ・ポーロ［1254年頃 - 1324］[1] の『東方見聞録』の中で，日本は「ジパング（黄金の国）」と呼ばれ，大航海時代が始まる一因となったことを知っている読者も多いだろう。これは佐渡金山が開かれる前の記述であり，奥州平泉（現在の岩手県平泉町）の金のことを示していると考えられている（佐渡金山は銀・銅の産出量も多く佐渡金銀山と呼ばれることもある）。

日本は火成活動の影響もあり，地下資源が豊富だったことは第1章で述べた。特に海外への金・銀・銅などの鉱物輸出量は多かった。金銀を産出した鉱山は，現代では世界遺産やジオパークとなり，地域の観光資源として新たな開発拠点となっている。

2 佐渡金山とその後の金の産出

歴史を見ると，戦国武将の上杉景勝［1556-1623］が家臣の直江兼続［1560-1620］に命じて佐渡金山（現在の佐渡島）を支配下に置いたことが知られている。才気煥発な兼続は豊臣秀吉に気に入られていたといわれるが，佐渡金山の影響も大きい。佐渡金山は上杉景勝と豊臣秀吉の関係を強くし，そのおかげもあってかのちに上杉は会津120万石の大大名となった。1603年には徳川幕府の天領[2]

として佐渡奉行所が置かれた。明治維新後は官営佐渡鉱山となり，1896（明治29）年に当時の三菱合資会社に払い下げられ，同社が佐渡金山【写真1】を運営するようになった。

明治時代にお雇い外国人によってもたらされた西洋技術により，日本の産業は近代化が進んだ。SDGs17.7「**開発途上国に対して，環境にやさしい技術の開発や移転，普及を進める。その時，互いに合意した，開発途上国にとって有利な条件のもとで進められるようにする**」が当時の日本の状況と考えてよい。佐渡金山には海外の技術者によって東洋一の選鉱場[3]や火力発電所がつくられた。【表1】はこれまでの日本の金産出量になる。1位の菱刈鉱山は現在も操業中だ。

日本でもこんなに金がとれたんだ

【表1】日本の金の産出量

順位	鉱山名	所在地	産出量(t)
1	菱刈	鹿児島	211.9
2	佐渡	新潟	82.9
3	鴻之舞	北海道	73.2
4	串木野	鹿児島	55.7
5	鯛生	大分	37.0

[1] ヴェネツィア共和国の商人。ヨーロッパへ中央アジアや中国を紹介した『東方見聞録』や『世界の記述』を口述した冒険家でもある。

[2] 江戸幕府直轄領の俗称。

[3] 採掘した鉱石から製錬の対象になる品位の高い鉱石を選び出す場所。

[4] 観光地として日本人にも人気の高い九份も同じ区にある。

金脈を掘り進むうちに山が２つに割れた。「道遊の割戸」と呼ばれる。

【写真１】佐渡金山（新潟県）：道遊の割戸とトロッコ。

【写真２】石見銀山（島根県）：鉱山の堀り口である「龍源寺間歩」。

③ 世界文化遺産としての石見銀山

SDGs8.9には「2030年までに，地方の文化や産品を広め，働く場所をつくりだす持続可能な観光業を，政策をつくり，実施していく」と掲げられており，日本海側に立地する佐渡金山や世界遺産である石見銀山（島根県）は，この点からも観光開発が期待できる。石見銀山が世界遺産に認められた理由は，16世紀から17世紀初頭に世界経済に大きな影響を与えたこと，銀生産の考古学的証拠が良好な状態で保存されていること，そして銀山と鉱山集落から輸送路・港にいたる鉱山活動が復元できることがあげられている。日本の銀は世界各地に流通し，1500年代後半に世界で取り引きされた銀の総量の約10％は石見銀山産ともいわれ，日本は「銀山の王国」と呼ばれたこともあった。

日清戦争［1894〜1895］後，台湾を統治下に置いた日本は，鉱山２か所の開発にとりかかった。現在の新北市瑞芳区❹に位置する瑞芳鉱山の開発を受け持ったのは石見銀山の担当者であり，技師や多くの専門家が瑞芳へと派遣された。

その後石見銀山の操業は停止されたが，日本人による台湾での鉱山開発は瑞芳に近い金瓜石の金鉱山で続いた。昭和初期における同種の施設としてはもっとも生産性の高い施設となり，年間最大2.6ｔの金を産出した。現在操業は停止されているが，鉱山は保存区域に指定され，新北市立黄金博物館❺に鉱山開発の歴史が展示されている。

石見銀山の歴史を，SDGs17「パートナーシップで目標を達成しよう」の視点からとらえると，また違った一面が見えてくるといえるだろう。

今は観光地にもなっています

❓ 調べてみよう

佐渡金山や石見銀山だけでなく，国内には生野銀山（兵庫県），土肥金山（静岡県）などの金銀山跡地が残っている。これらは，誰によってどのように維持管理されていたのか，歴史を調べてみよう。

解説

火山がつくる景観

① 湖の形成

SDGs6「安全な水とトイレを世界中に」
とあるが，日本は河川や湖などの淡水域が多く，飲料水に恵まれている。さらに富士山や磐梯山（福島県）周辺の火山噴火と関係してできた湖などは，観光にも大きな役割を果たしている。日本にはどんな湖があるのか，まず面積順にその成因から見てみよう【表1】。

次に，湖の深さ順に成因を見てみよう【表2】。深い湖には**カルデラ湖**（▶p.41）が多く，火山噴火に関係してできた**堰止湖**❷も見られる。世界のおもな湖の面積と深さの関係は比例することが多く，たとえばロシアのバイカル湖（深さ1,642m，面積31,494㎢）は，琵琶湖と同じ**断層湖**❸にもかかわらず面積は琵琶湖の64倍，深さも16倍と大きい。琵琶湖の水深は103.6mにすぎず，【表2】からも日本の水深が深い湖の景観は，火山に関連しているものが多いことが理解できるだろう。

【表1】日本の湖（面積順）　　（単位：㎢）

順	所在地	所在地	面積	成因
1	琵琶湖	滋賀	669.26	断層湖
2	霞ヶ浦	茨城	220	海跡湖❶
3	サロマ湖	北海道	151.59	海跡湖
4	猪苗代湖	福島	103.24	断層湖・堰止湖
5	中海	島根・鳥取	85.74	海跡湖
6	屈斜路湖	北海道	79.54	カルデラ湖
7	宍道湖	島根	79.25	海跡湖
8	支笏湖	北海道	78.48	カルデラ湖
9	洞爺湖	北海道	70.72	カルデラ湖
10	浜名湖	静岡	64.91	海跡湖

【表2】日本の湖（深さ順）　　（単位：m）

順	湖名	所在地	深さ	成因
1	田沢湖	秋田	423.4	カルデラ湖
2	支笏湖	北海道	360.1	カルデラ湖
3	十和田湖	青森・秋田	326.8	カルデラ湖
4	池田湖	鹿児島	233	カルデラ湖
5	摩周湖	北海道	211.5	カルデラ湖
6	洞爺湖	北海道	180	カルデラ湖
7	中禅寺湖	栃木	163	堰止湖
8	倶多楽湖	北海道	148	カルデラ湖
9	本栖湖	山梨	121.6	堰止湖
10	屈斜路湖	北海道	117	カルデラ湖

❶かつて海であった場所が外海から隔離されてできた湖。　❷山くずれや地すべり，火山爆発による泥流や溶岩などによって河流がせき止められてできた湖。　❸地盤の運動によって生じた断層盆地内に水がたまってできた湖。

② カルデラ火山と カルデラ湖

大きな火山には，必ず大きな凹地＝**カルデラ**がある。これは火山噴火のメカニズムを考えると当然といえるだろう。大規模な噴火が発生すると，山体中の物質が多量に放出されるため，密度が低くなった山体内部が崩壊して頂上が大きく窪み，カルデラの形態を持つことになるのだ。ここに水がたまることによって巨大なカルデラ湖ができる。【図1】

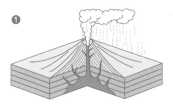

❶ 噴火が繰り返され，噴出物が積み重なって，次第に円錐火山がつくられる。

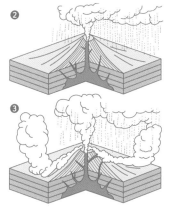

❷❸ 強烈な爆発（❷）や大規模な火砕流（❸）が発生して，多量のマグマが地表へ急に噴き出ると，地下のマグマだまりに大きな空洞ができる。

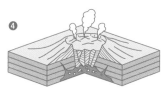

❹ 火山帯の中央部の土地が重力で落ち込み，マグマだまりの空洞を埋めるが，地表にはカルデラ（2km以上の窪地）がつくられる。

❺ カルデラ内で再び噴火が起き，中央火口丘と呼ばれる小火山が誕生したり，カルデラの底部に水がたまってカルデラ湖ができたりする。

【図1】カルデラ湖のでき方

日本で一番深い湖なんだね

辰子という女性が龍になった伝説をモチーフにした像

【写真1】田沢湖とたつこ像

かつての山

【写真2】大沼と北海道駒ヶ岳

③ 湖と生態系

【写真2】は北海道駒ヶ岳の火山活動でできた大沼と呼ばれる湖だ。湖には多くの生物が集まり，生態学的な意味においても重要な場所になる。湿地の保全に関する国際条約である**ラムサール条約**[4]には，国内50か所が登録されている。近くの小沼，蓴菜沼もラムサール条約登録湿地になっている。またこの地域は国定公園にも指定されている。

SDGs14「陸の豊かさを守ろう」，**SDGs15「海の豊かさも守ろう」** という2つのゴールがあるが，淡水域の湖は厳密には陸域となるため，海と陸の性質をあわせ持つ存在が湖であり，どちらのゴールにもかかわっていることになる。

[4]正式名称は「特に水鳥の生息地として国際的に重要な湿地に関する条約」。この条約が採択されたイランのラムサールという都市にちなんで呼ばれている。

「へつり」は方言で断崖のこと。漢字は「弟」。

今も一部を見学できます。

【写真3】塔のへつり❶

【写真4】塔のへつり❷

④ 火山砕屑物や溶岩が水とつくる自然景観

火山から噴出される火山砕屑物と、湖や河川などの水域との関係をもう少し見ていこう。火山噴出物である火山灰が水中に堆積すると、凝灰岩（凝灰角礫岩など種類は多い）を形成する。【写真3】は凝灰岩層が河川による侵食を受けてできた景観だ。福島県の南会津に見られ、地元では「塔のへつり」と呼ばれている。凝灰岩層の中でも礫など粗粒の部分は硬いが、細粒の部分は泥のように侵食されやすい。かつては、この侵食された部分が人の通り道となっていた【写真4】。

河川の上流地域のように侵食作用がいちじるしい場所では、周囲の岩石が火山岩など硬い岩盤で形成されていると、Ｖ字谷と呼ばれる険しい地形をつくることも多い。

また、岩石の硬さに差があると滝もできやすい。たとえば、大分県にある「おおいた豊後大野ジオパーク」のジオサイトの1つ「原尻の滝」を見てみよう【写真5】。原尻の滝の岩盤は、約9万年前の阿蘇山噴火による火砕流が固まって形成されたものだ。同じく阿蘇火砕流によって形成された岩石は、宮崎県高千穂峡の渓谷もつくり出している【写真6】。

幅120メートル 高さ20メートルもあるそうです

【写真5】原尻の滝

【写真6】高千穂峡

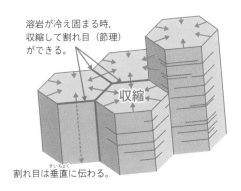

【写真7】浄蓮の滝（静岡県伊豆市）

　この高千穂峡の岩石と，【写真7】の滝の右下側の岩石を見比べてほしい。どちらも柱のようになっていることがわかるはずだ。これは溶岩が冷えて固まった時につくられる模様で，**柱状節理**と呼ばれる【図2】。

　なぜこのような形になるのか不思議だが，安山岩や玄武岩など溶岩が冷えて固まった岩石は日本各地に見られ，柱状節理を形づくるものは多い。

　玄武岩は，兵庫県豊岡市にある「玄武洞」の由来となった岩石である。玄武は中国の伝説上の怪獣の1つであり，亀のような姿をしている。その甲羅の形と柱状節理の形が結びついて玄武岩と名付けられた。柱状節理は河川だけでなく，福井県の東尋坊【写真8】のような岩石海岸でも見ることができる。

溶岩が冷え固まる時，収縮して割れ目（節理）ができる。

収縮

割れ目は垂直に伝わる。

【図2】柱状節理のでき方

【写真8】東尋坊

柱状節理が1kmも続く景観は国の名勝・天然記念物に指定されています

火山への
畏敬

1 御嶽山と 戦後最悪の火山災害

① 木曽の御嶽山

御嶽山といえば，長野県木曽地域に伝わる民謡「木曽節❶」の中に登場するなど，古くから人々に親しまれてきた山である。長野県と岐阜県の県境に立地し，標高3,076mと火山としては富士山に次ぐ高さで，日本の百名山の1つにも選定されている。御嶽信仰を生んだ信仰対象の山でもあり，多くの登山者や観光客が訪れてきた名山だ。

702（大宝2）年に役小角❷が開山したといわれており，その後民間信仰と山岳信仰が結びついた修験道の場として，修験者たちが登拝する特別な山となっていった。江戸時代後期になって，行者たちによって登山口が開かれ，多くの人々が訪れるようになった。

不思議なことに御嶽山の噴火記録は少ない。噴火があっても人間がそれを見ていなかったり，記録されなかったりすれば，当然

【写真1】噴煙を上げる御嶽山（2014）

残っていないからだ。以前は1979（昭和54）年の噴火が有史以来の噴火とまでいわれていた。2007（平成19）年に小規模な噴火があったあと，2014（平成26）年9月27日の昼ごろ，突然水蒸気噴火が起きた。死者・行方不明者63名，負傷者69名（重傷29名，軽傷40名）にのぼる人的被害が生じ，20世紀以降に日本で起きた火山噴火の中で最大の犠牲者数となってしまった。

② 災害対策への 責任を巡って

この噴火は，規模としては決して大きなものではなかった。同じ水蒸気噴火だった1979年の人的被害は負傷者1名だったことを考えると，2014年の被害がいかに大きかったかが理解できる。多くの犠牲者が出た原因としては，登山シーズン中の好天に恵まれた絶好の観光日和であったことに加え，避難できる場所がなかったことがあげられる。犠牲者の多くが噴石などの直撃で亡くなった。山頂付近には御嶽信仰の中心となる御嶽神社の社務所があったが，噴火当時は鍵がかかり閉ざされていた。

気象庁は，噴火約40分後に火口周辺警報を発表し，噴火警戒レベルをレベル1からレベル3へと引き上げた【表1】。噴火前に警戒レベルを上げていなかったことに対して国

❶木曽の木材を木曽川に流して運ぶ「川流し」を歌ったもので，御嶽山は1番目の歌詞に登場する。

❷飛鳥時代の呪術者。役行者，役優婆塞ともいう。『日本霊異記』などに登場し，実在の人物とされるが生没年未詳。

【表1】噴火警戒レベル

順	予報	警報		特別警報	
名称	噴火予報	噴火警報(火口周辺)又は火口周辺警報		噴火警報(居住地域)又は噴火警報	
対象範囲	火口内等	火口周辺	火口から居住地域近くまで	居住地域およびそれより火口側	
噴火警戒レベルとキーワード	レベル1	レベル2	レベル3	レベル4	レベル5
	活火山であることに留意	火口周辺規制	入山規制	高齢者など避難	避難
		立入禁止			

（気象庁）を訴えた遺族も出た。火山の噴火予測は容易ではないが，水蒸気噴火前に火山性地震が観測されていたことなど，噴火の前兆ととらえてもよい現象が起きており，もし警戒レベルが上がっていれば登山する人は少なかったという訴えだ。気象庁は，このレベルの火山性地震や噴煙だけで水蒸気噴火を予測することはできず，警戒レベルを上げなかった判断は非合理的だったとはいえなかった，という専門家の根拠を示して反論している。

SDGs16は「平和と公平をすべての人に」としている。自然災害に関する訴訟では，国や自治体の責任について争われることが少なくない。

③ 復興に向けての対応

噴火約3か月後には「木曽町御嶽山噴火災害復興方針（『つながろう木曽』プロジェクト）」が策定された。おもな検討課題は，山頂付近の山小屋の再建や登山対策，観光対策を含む現地の復興対策だった。噴火災害に関する知識が自治体職員に十分備わっていたとはいえ

ず，地域住民の不安や懸念を払拭することが難しかったことも事実だった。そこで翌年3月には地域住民向けに「御嶽山火山活動地域学習会」が開催された。こうした試みは，**SDGs4「質の高い教育をみんなに」**の観点からも非常に重要である。

④ 活火山登山時の留意点

登山は自然に親しむことのできる絶好の機会であり，新型コロナウイルス感染症のような感染症が流行しても，屋外で身体距離が確保される娯楽であるため人気が高い。

しかし，登ろうとする山が活火山であれば，火山ガスなど有害成分が含まれる気体が噴出したり，火山岩屑物などの転石・落石などが発生したりする危険性を無視することはできない。さらに，上昇気流が発生しやすく天気の移り変わりがいちじるしいほか，美しい景観を撮影することに気を取られて転倒したり，崖に滑落したりすることも珍しくない。常に事前の準備と緊張をともなって，行動することが求められる。

 考えてみよう

山に登ったりハイキングをしたりする時に，気をつけなければならないことは何だろう。

安全に行動するにはどうしたらいいでしょう

2 磐梯山と猪苗代湖

① 地元に愛されてきた磐梯山

　福島県にある会津磐梯山は，地域全体に敬われてきた山である。「磐梯山」の「磐」は大きな岩を意味するが，「梯」は梯子を示している。地域の人たちにとっては，「人は死ぬと磐梯山を経て天に上る」と言い伝えられてきた信仰の山でもあるのだ。

　過去には何度も大規模な噴火を起こし，周辺に甚大な被害を与えてきた。明治時代はまだ戊辰戦争の影響が残っており，福島県は明治政府の敵である「朝敵」とされていたが，1888（明治21）年の噴火では政府は災害救援対策に乗り出した。**日本赤十字社**初の自然災害救護の地❶となるなど，観光や自然との共生だけでなく，SDGsの視点からもさまざまな教訓が見られる火山である。

② 1888年の爆発的な噴火

　1888年の噴火では，犠牲者447名と近代の日本噴火災害史上最大に近い被害が生じた。噴火によって発生した転石が，現在でも残されている【写真1】。この噴火では，避難によって犠牲が大きくなった地域もある。猪苗代町で一番被害の大きかった長坂集落では集落の西側で噴火が発生したため，多数の住民が東側の長瀬川方面に避難した。しかし，噴火による岩屑なだれが長瀬川に入り泥流となって方向を変えたため，住民の半分以上が犠牲になってしまった【写真2】。

【写真2】災害記念碑「殉難之精霊」

【写真1】見祢の大石

【写真3】災害記念碑「日本赤十字社　平時災害救護発祥の地」

❶五色沼の近くに赤十字に関する碑が建立されている【写真3】。赤十字は戦争中の負傷者救済のために創設されたものであり，災害に活用した例は当時国際的にもなかった。日本では西南戦争中に博愛社として設立され，1887年ジュネーブ条約加入によって改称し，世界で19番目の赤十字社として認められた。

このほかに赤沼・みどろ沼・竜沼・弁天沼・るり沼・青沼・柳沼などの数多くの湖沼があるそうです。

【写真4】五色沼の1つ毘沙門沼

③ 猪苗代湖，五色沼の景観

　この時の噴火によって河川が堰き止められ，いくつかの湖がつくられた。その代表的なものが**五色沼湖沼群**である【写真4】。青空や周辺の木々，太陽光線の色によって沼ごとに鮮やかな色の景観を示している。1950（昭和25）年に磐梯朝日国立公園に指定されたことをきっかけとして，観光開発が進んだ。

　さらに火山防災の普及啓発や体制づくりを目的として磐梯山全体をジオパークとする運動が開始され，2011（平成23）年に磐梯山ジオパークとして日本ジオパークの指定を受けた。そして，磐梯山の自然環境と，史跡慧日寺跡など歴史や文化を学べるジオサイトが整備された。磐梯山噴火記念館では貴重な資料等の展示だけでなく，さまざまな教育・啓発活動がおこなわれており，**SDGs4「質の高い教育をみんなに」**を体現している。

ポイント　猪苗代から世界へ

　2004年から2024年まで1000円札の顔となった科学者・野口英世の生家は，磐梯山と猪苗代湖の間に位置する。彼は幼児期に大やけどをして，左手が開かなくなるハンディキャップを負った。恩師や友人，家族の励ましを受けて学問を修め，のちに黄熱病をはじめとするさまざまな病原菌の解明に貢献したことはよく知られている。母親の感動的な手紙を教科書などで読んだことのある人も多いだろう。

　SDGs3bでは，すべての人に対するワクチン供給が求められている。野口英世は，こうした国際的な取り組みへ大きな貢献を果たした先駆者の1人だ。

　彼をたたえる「野口英世記念館」には，今も多くの人が訪れている。

調べてみよう

国内外の赤十字による自然災害への支援の例を調べてみよう。

献血以外に何があるかな

3 阿蘇山と阿蘇神社

【写真1】熊本地震前の阿蘇神社本殿

【写真2】火口に御幣を投げ入れる神職

> 御幣は神様にささげるもので紙と木でできています

① 日本における活火山への信仰

　熊本県の阿蘇山を訪れたことがある人は多いだろう。日本でもトップレベルの規模のカルデラを持ち，その景観の雄大さは多くの人を惹き付けており，世界ジオパークや国立公園にも指定されている。

　阿蘇山は有史以来噴火を繰り返し，火山灰などの噴出物によって九州各地の人間生活にさまざまな影響を与えてきた。何よりも噴煙を上げた時の迫力は見た人に恐れを抱かせた。

　それだけに阿蘇山は人々から畏敬の念も集め，火口と山麓の神社では数多くの神事がおこなわれてきた。その1つ阿蘇神社【写真1】は，神武天皇の孫で阿蘇を開拓したとされる健磐龍命などを祀り，2000年以上の歴史をもつと紹介されている。阿蘇山火口を御神体とする火山信仰と融合し，火口はのちに国家祈祷の対象ともなった。奥宮である阿蘇山上神社では，現在でも6月上旬に火山活動の平穏を願って御幣を納める「火口鎮祭」がおこなわれている【写真2】。一般に神社の参道は本殿に向かっているが，阿蘇神社の参道は本殿に平行で，その延長は阿蘇山の方向になっている。この配置からも，阿蘇神社の御神体が阿蘇山であることが理解できる。

三好達治の詩「大阿蘇」はこの風景をうたいあげたもの

【写真3】草千里ヶ浜：直径1kmの火口の中に，約400mの火口が生じた二重の火口となっている。

2 阿蘇山の火山灰と農業

　繰り返されてきた阿蘇山の噴火は，地域に大きな影響を与えてきた。しかし，必ずしもマイナスの側面だけではない。雄大な景観という観光資源としてはもちろんのこと，火山灰は農作物への滋養となる土壌を育み，地下水のフィルターとしての役割も果たしている。熊本市の水道水が地下水でまかなわれていることは有名だ。

　火山地帯では大規模噴火がなくても，農業や畜産業には日ごろからの注意が必要だ。阿蘇山に隣接する大分県では，地域農業振興課が火山灰への諸注意を呼び掛けているが，この注意点こそ**SDGs2.4「2030年までに，食料の生産性と生産量を増やし，同時に，生態系を守り，気候変動や干ばつ，洪水などの災害にも強く，土壌を豊かにしていくような，持続可能な食料生産のしくみをつくり，何か起きてもすぐに回復できるような農業をおこなう。」**を具現化した内容といえる。地域の取り組みをインターネットなどで確認してみよう。

3 新たな地域活性化に向けて

　阿蘇山の雄大な自然景観は，それだけでも訪れた人々に強い印象を与える。しかし，ただ見学するだけでは学びとして物足りない。現在は「草千里ヶ浜」【写真3】などを利用した，さまざまな体験学習施設がつくられているのでぜひ訪れてほしい。

　その1つである阿蘇ファームランドは，「世界でここだけの健康増進パーク」というコンセプトで運営されている。心身ともに健康な「真の健康」の実現をめざし，国や学識者による健康増進の理念にもとづき，病気にかかりにくい「身体づくり・心づくり」のための環境や食を多くの人に提供することを理念に掲げている。こうした取り組みは，**SDGs3「すべての人に健康と福祉を」**の視点からも，重要な意味をもっているだろう。

？ 調べてみよう

火山灰が関係するのかな

火山地帯における農林業や畜産業への被害と，その対策を調べてみよう。

49

コラム 身近に使用されてきた 火成岩 ―火山噴出物と人間活動

1 火山噴出物と人間生活

SDGs11「住み続けられるまちづくりを」 に示されるように，噴火の可能性の高い日本列島に住むわたしたちにとっては，火山との共生は大きな課題だ。この困難さを乗り越えるために，科学技術や社会システムが整えられてきた。その一方で，過去の火山活動が意外な原材料を生み出していることもある。たとえば，熱した天然の岩石の上で肉を焼く「溶岩プレート焼き」を出す飲食店がある。石にある無数の気泡が肉の脂質を吸収し，焦がさずにおいしく焼きあげるメニューだが，その素材は安山岩であることが多い。

2 火山岩と人間の技術

道具をつくったり使ったりしたことが，人間とほかの動物との違いである。旧石器時代や縄文時代では，狩猟や調理のために割れ口が鋭利な道具が必要とされた。その原材料となったのが黒曜石【写真1】やサヌカイト（讃岐石）だった。黒曜石はガラス質の流紋岩で，サヌカイトは安山岩に属し，ともに火山岩だ。2つの石の分布は，かつて火山活動があった地域とも関係している【図1】。

旧石器時代から多くの石器が火山岩を利用して製作されてきた【写真2】。中には骨や角でつくられた槍の側面に溝を掘って，そこに「細石刃」という黒曜石などの小型の石刀をはめ込んで使っていた。刃こぼれしたら全体をつくり直すのでなく，細石刃の部分だけ取り替えできるように工夫されていることから，貴重な石材として大切に取り扱われていたと思われる。当時の最先端技術といってよく，**SDGs12「つくる責任，使う責任」** は，この時代までさかのぼることができるといえるかもしれない。

全国各地にあるんだ

● 黒曜石
● サヌカイト

白滝
赤井川
置戸
十勝
出来島
深浦
男鹿
和田峠
高原山
隠岐島
室津
八ヶ岳
五色台・金山
冠山
箱根
腰岳
二上山
神津島
周防大島
姫島
鬼ノ鼻山
三船

【図1】黒曜石とサヌカイトの分布図

【写真1】北海道白滝ジオパークの黒曜石の露頭❶

【写真2】黒曜石からつくられた旧石器時代の石器：
旧石器時代としては初の国宝指定。

③ 石材としての火山噴出物

火山岩や火山灰などの堆積物は，もともと火山起源だけに熱には強く，建材として使われてきた。壁に用いられることが多かったのは緑色凝灰岩だ。栃木県で産出する「大谷石」がよく知られている。

江戸城や国宝姫路城でもこれらの種類の岩石が使用されている。たとえば，江戸城の虎ノ門や清水門では，安山岩や凝灰角礫岩が使われている。姫路城の石垣も，多くは地元の流紋岩質の岩石や凝灰角礫岩を石材としている【写真3】。長野県軽井沢にある「石の教会・内村鑑三記念堂」は，地域の安山岩を用いて建てられており，その美しさから結婚式場としても人気が高い【写真4】。

④ 建築材としての岩石の輸入

日本列島には火山岩が広く分布し，先史時代から石材として利用してきたことを紹介した。ただ，無尽蔵と思われた国内の岩石も最近は不足してきている。日本列島の基盤となり，西日本を中心に広く分布している花こう岩も，利用可能な石材は減少傾向だ。そのため，火山岩だけでなく，同じマグマ起源の深成岩も海外から輸入されることが増えている。日本は食料品やエネルギー資源にいたるまでさまざまなものを輸入しているが，石材も同様だ。海外との貿易がなければ，日常生活のあらゆる点に支障が生じるだろう。**SDGs 17「パートナーシップで目標を達成しよう」**の意味を改めて考えてみたい。

【写真3】姫路城の石垣

【写真4】石の教会内部

❶岩石や鉱脈の一部が地表に現れている所。

1 有珠山の噴火と住民の避難

① 噴火前の避難行動の重要さ

火山噴火の予知は，科学技術が進んでも容易なことではない。噴火が起きたあとで，いくつかの現象が前兆現象だったと考えることができても，噴火前の判断は困難だ。また，避難指示などが発令されても，すべての人がすぐに避難行動をとるとは限らない。

だが，噴火前に地域住民全員が避難し，多くの命が助かった例がある。北海道有珠山の噴火である。2000年3月27日からの火山性地震などによって噴火が予測され，周辺市町村では臨時火山情報❶が発表された3月28日から自主避難が始まった。翌日には気象庁から緊急火山情報❷が出され，壮瞥町，虻田町（現洞爺湖町），伊達市に避難指示が発令されるなどの体制がとられた。そして3月31日13時すぎ，西山西麓から噴火が始まった。

② 洞爺湖有珠山周辺の火山

洞爺湖周辺は，日本における有数の火山地域といってもよい。有珠山だけでなく，昭和新山（▶p.13），さらには20世紀に入っても頻繁に火山噴火が発生した場所だ【図1】。

歴史的に見ても，1663年山頂噴火によって **火災サージ**（火砕流よりも軽石や岩片の量が少な

い高温の砂嵐のような現象）や降灰で家屋が焼失し，5名の犠牲者が生じた。1822年の大規模噴火では発生した火砕流によって多数の犠牲者が出た。繰り返される噴火は地域に早目の避難の必要性を教訓として残したのか，1853年の山頂噴火では火砕流が発生したが，事前避難により死傷者は出なかったとされている。

改めて2000年の噴火の被害について見てみよう。電気，水道，電話，下水道，道路，鉄道，文教施設などの被害総額は約233億円ととてつもない損失を被った。しかし，人的被害は0人である。最大で15,815人が避難指示・勧告の対象となったにもかかわらず，1人の犠牲者も出さなかったことからも，**噴火前の迅速な避難**がいかに重要かということがわかる。

③ 有珠山周辺の防災・減災・復興

有珠山周辺のまちでは，火山活動が繰り返し発生するたびに，早期避難の教訓をつないできた。2021（令和3）年には，洞爺湖周辺の4市町（伊達市・洞爺湖町・壮瞥町・豊浦町）が共同で，「防災マップ」と「防災ガイドブック」を統合した「**有珠山火山防災マップ**」を発行した。このマップは，噴火で被害が予想される地域などのハザードマップ的な内容にとど

❶❷現在の噴火警報が運用される以前は「緊急火山情報」「臨時火山情報」「火山観測情報」の3種類の情報が出されていた。

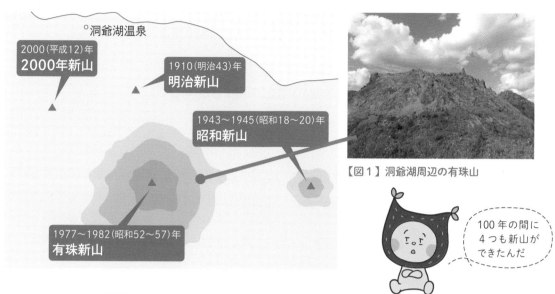

洞爺湖温泉

2000（平成12）年
2000年新山

1910（明治43）年
明治新山

1943～1945（昭和18～20）年
昭和新山

1977～1982（昭和52～57）年
有珠新山

【図1】洞爺湖周辺の有珠山

100年の間に
4つも新山が
できたんだ

まらず，有珠山の特徴や，火山現象などについての基礎的な知識も掲載し，住民が火山災害について学べるようになっている。

　また伊達市では，有珠山・昭和新山についての学びを深めるため，2003年から「有珠山現地勉強会」を開催している。これは火山の専門家を講師にして，火口内の平坦地や噴気活動を続ける火口などを直接見学できるという会である【写真2】。また，2000年の噴火だけでなく，1977年の噴火による地殻変動の被害を受けた診療所が遺構公園として整備されている【写真3】。

　火山の観察・見学といった平時の学びは，**SDGs4「質の高い教育をみんなに」**と関連して，自然災害の中でも火山災害に対する備えにつながる。有珠山とその周辺は，国立公園，世界ジオパークという国内でも代表的な観光地である。景観や温泉などを楽しみながら，火山被害と防災についても学びたい。

【写真2】2000年の噴火によってできた火口

【写真3】有珠山火山遺構公園

当時のニュース
を調べましょう

話し合ってみよう

2000年の有珠山噴火について次の3つを調べ，話し合ってみよう。

❶死傷者が出なかったのはなぜか。
❷噴火後の復旧や復興に関する国の支援と，町や地元の人たちの取り組み。
❸ほかの地域にも生かせる2000年有珠山噴火の教訓。

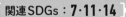

2 伊豆大島三原山の噴火と全島避難

① 海洋プレート境界に形成された火山列

伊豆・小笠原海溝の西側には，**火山フロント**としていくつもの島が南北に連なっている【図1】。これは，太平洋プレートが西のフィリピン海プレートに沈み込むことに関係している(▶p.20)。**伊豆・小笠原・マリアナ島弧**と呼ばれ，伊豆半島から西太平洋にあるヤッ

こんなにたくさんの島が連なっているんだね

【図1】 伊豆・小笠原諸島の活火山

プ島までの約2,800kmにもおよぶ長大なものだ。伊豆諸島や小笠原諸島はこの連なりに属しており，1986年に大噴火を起こした三原山を抱える伊豆大島は，もっとも北に位置している。

伊豆大島は国立公園であり，日本ジオパークの1つでもある。小笠原諸島は世界自然遺産(▶p.15)に認定されている。この火山列は海の豊かさや恵みを実感できる地域といえる。貴重な海の生物が多数存在しており，**SDGs14「海の豊かさを守ろう」** に示されているように，島々と周囲の海の自然環境を保全していくことが必要だ。

伊豆大島の島内最高点である三原山山頂の標高は758m。海底部分まで含めると1,000m程度の高さになる。山頂部には直径約4kmのカルデラがある。三原山はその南に位置する三宅島とともに，有史以来，何度も噴火を繰り返してきた。大島は島そのものが活火山であり，火山島といってよい。

② 1986年の噴火と全島避難

1986年11月に三原山で割れ目噴火が発生し，大規模な溶岩噴泉と溶岩流が生じ，前例を見ない**全島民避難**という事態に至った。

噴火の前兆と考えられる現象は，4月の火山性地震やその後の火山性微動にさかのぼ

る。11月に入り，15日から南側火口壁より噴火が始まった。その後噴火場所は山頂火口，山頂北西側の火口列，北北西山腹の火口列と全島に広がる。19日には溶岩が火口からあふれ，21日に割れ目噴火が始まると溶岩噴泉・溶岩流が生じ，外輪山外側でも割れ目噴火が発生した【写真1】。

　国の火山噴火予知連絡会では，10月末に「大規模な噴火が切迫している兆候は認められない」としながらも，噴火の可能性をまったく否定していたわけではなかった。3年前の1983年には，伊豆大島の南に位置する三宅島が噴火し，溶岩流で住宅の埋没・焼失約400棟の被害が発生しており，三原山の噴火も心配されていたところだった。

　大正時代の桜島噴火(▶p.56)や近年の御嶽山の噴火(▶p.44)の状況を考えると，時代が進んでも，火山噴火の予知・予測における難しさは変わらないことがわかる。

【写真1】噴火する三原山（伊豆大島）

【写真2】噴火後の三原山

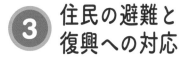

③ 住民の避難と復興への対応

　大島町合同対策本部は11月21日夜，全島民に対して島外避難命令を出し，22日昼すぎまでにおよそ1万1,000人の島民と，2,000人の観光客が伊豆半島の下田・稲取・伊東・熱海，東京に避難した。島民はその後約1か月にわたり島外での避難生活を強いられることになる。島の大きな産業だった観光はもちろん，農業や漁業にも影響がおよび，島の経済的な被害は大きくなった。

　島から人々が避難したあとも，島内の火力発電所の職員3人と村の助役が島内にとどまり続けた。**SDGs7「エネルギーをみんなにそしてクリーンに」**の視点を通して，この行為から仕事への責任感について学べるだろう。

　その後も伊豆大島では土砂災害などの自然災害が発生したが，島では**SDGs11「住み続けられるまちづくり」**に取り組み，災害の教訓が活かされている。

？ 話しあってみよう

1986年の三原山噴火時に，1万人もの人がたった1日でスムーズに避難できたのはなぜだろう。国や東京都はどのような支援をおこなったのか当時の資料を調べ，もしいま自分たちが住む地域に多くの人々が避難してきたらどのような支援が大切か話しあってみよう。

5 3 桜島 ─大正の大噴火と「科学不信の碑」

鳥居は 3m ほどの高さがあったそうです

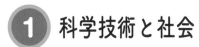

【写真2】黒神埋没鳥居（鹿児島市）

1 科学技術と社会

　SDGs9 は「**産業と技術革新の基盤をつくろう**」という目標である。これをふまえた火山災害に対する防災・減災の取り組みは、まず、最新の観測データから噴火の可能性を予測することだ。次にその情報を迅速に住民や登山者に伝えたり、場合によっては入山規制に相当する警戒レベルを発表したりすることだろう。今日では、**ハザードマップ**の精度も上がり、噴火後の被害も予想されている。

しかし、火山噴火の予知・予測に対しては、先端の科学技術を用いたとしても限界があるのが事実だ。**科学技術をどれくらい信頼してよいのか**、過去の教訓から考えてみよう。

2 桜島の大正大噴火

　鹿児島県の桜島は、噴火による大きな被害を何度も周辺地域に与えてきた。中でも1914（大正3）年の「大正の大噴火」は、桜島と大隅半島が陸地でつながるほどの爆発と

なった。この時の噴火は突然起きたのではなく、噴煙がいちじるしくなったり、地震が頻発したりするなどの「前兆現象」があった。住民は不安に思い、村長は測候所（現在の管区気象台）に噴火の可能性について聞いたところ、噴火の心配はないという返答だった。村長はじめ人々はそれを信じて避難しなかったため、多くの犠牲が出てしまった。

　この悲劇を教訓にした石碑は通称「**科学不信の碑**」❶と呼ばれ、「住民は理論（科学）に信頼せず」の言葉が刻まれている【写真1】。古くからの言い伝えに従って避難した人は助かっていたため、この言葉には重みがある。火山噴火についても大災害が発生したあとにはこうした記念碑が建立されることが多い。

　また、火山噴火の凄まじさの痕跡を残すために、あえて建物を復旧したり改修したりせずに残すことも見られる。【写真2】の埋没した鳥居もその一例だ。桜島の噴火による火山噴出物の状況が一目でわかり、被害を容易に想像できるだろう。文章が刻まれた石碑も重要だが、このような痕跡を保存することも将来への啓発・教育に大きな意義があるといえる。第1巻で震災遺構について紹介したが、火山噴火についても同様である。過去の災害を示した遺構は災害を実感する貴重な教材となり、**SDGs4「質の高い教育をみんなに」**につながっていくだろう。

　火山がいつ噴火するかという予知・予測の科学技術はまだまだ発展途上だ。桜島には噴火に備えた**退避壕**が設置されている【写真3】。地域住民はもちろん観光客も、こうした施設の必要性を意識するべきだろう。避難施設の位置や方向について考えることも火山防災の学びになる。

【写真1】科学不信の碑（桜島爆発記念碑）

東桜島小学校の校庭に残されています

【写真3】退避壕

ポイント　施設を見学しよう

　火山と噴火のメカニズムを学ぶことは、ほかの自然災害と同様に防災教育の基礎となる。日本には、おもな火山ごとに噴火記念館や博物館が設置されている。ジオパークセンターが併設されているところもある。地域や火山によって特色が異なるので、近くに行ったらぜひ訪れてみよう。

❶鹿児島市立東桜島小学校の校庭にある。測候所を信じて住民を避難させなかったことを後悔した村長の遺言で建立された。「住民ハ理論ニ信頼セス異変ヲ認知スル時ハ未然ニ避難ノ用意尤モ尤モ肝要トシ」、科学を過信せず、何か異変があればすぐに避難することが肝要である、と刻まれている。

火山活動とまちの歴史
—桜島とともに生活する鹿児島市

【写真1】鹿児島市とナポリ市

鹿児島市とイタリアのナポリ市
2つの写真はどっちがどっち？

1 国を越えたパートナーシップ

　自然災害時においても国際的な協力は不可欠だ。非常時の協力関係は，日常から築き上げた友好関係から生まれることも多い。国内では，東日本大震災発生後，離れた地域同士で災害協定が結ばれることが増えた。

　海外と国内の友好都市同士が災害時に支援しあう例も見られる。さらに，災害の面だけでなく，景観を踏まえた都市間の交流が築かれることもある。たとえば，ベスビオス火山・ナポリ湾を有するイタリア・ナポリ市と，桜島・錦江湾を有する鹿児島市の関係がある。2つの地域の景観には共通性があり【写真1】，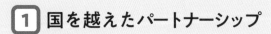が結ばれている。鹿児島市には「ナポリ通り」と呼ばれる街路があり，ナポリ市には「鹿児島通り（Via

Kagoshima）」と名づけられた街路があるのだ【写真2】。

　SDGs 17「パートナーシップで目標を達成しよう」ではさまざまなパートナーシップの構築が求められており，景観の特性から相互に地名を名乗ることに意義はあるだろう。

　第2章で，1783（天明3）年の浅間山大噴火で壊滅的な被害を受けた旧鎌原村について紹介した（▶p.26）。この村が存在した群馬県嬬恋村は，2022年にイタリア・ポンペイ市と友好都市協定を結んだ。2つのまちは協定を結ぶまで，火山災害という共通の歴史を踏まえて10年以上も交流を続けてきた。このようなつながりによって，両国民が火山災害の恐ろしさや防災意識を相互に深めたり，広めたりすることが期待できる。

---

❶文化交流や親善を目的として地方政府・都市同士が協定などを結ぶこと。アメリカで「Sister City」と呼ばれたことから直訳の「姉妹」が使われてきたが，姉妹だと上下関係が生じてしまうため，中国とは「友好都市」という呼び方が用いられる。イギリスでは「Twin City（双子都市）」，ドイツでは「Partnerstadt（パートナー都市）」など，国によって呼び方が違う。

【写真2】左：ナポリ通り（鹿児島市）　右：鹿児島通り（ナポリ市）

道路にお互いのまち
の名前をつけたんだ

2 火山とともに生きる

　わたしたちはどこに住むにしても，そのまちの特色を知っておく必要がある。日本は地域によって自然環境が異なっており，人々はそれらと調和した暮らしを送っている。たとえば，火山活動が活発な桜島が存在する鹿児島では，火山灰の影響を考えた洗濯物の干し方や車の洗車方法を普段からおこなっている。

　SDGs11.3では，「**2030年までに，誰も取り残さない持続可能なまちづくりを進める。すべての国で，誰もが参加できる形で持続可能なまちづくりを計画し実行できるような能力を高める。**」とある。日本列島のような地殻変動が活発な地域で生きていくには，常に安全と生活のバランスを考えておく必要があることがよくわかる。

3 火山灰の大地に位置するまち

　日本の大きな都市は沖積平野に形成されることが多い。都市は盆地にも見られるが，海に面した地域となると，発達した三角州の河川堆積物と関連する。

　鹿児島市の場合は，火山噴出物（火砕流堆積

物）も無視できない。市民から現在も「西郷さん」「せごどん」と呼ばれ慕われる西郷隆盛[1827-1877][2]が，西南戦争[3]時に明治政府軍に最後まで抵抗した場所として「西郷洞窟」という洞窟が残されている。鹿児島は火砕流堆積物によってつくられた土地であり，西郷たちが掘った洞窟も火砕流の堆積物だった。

ポイント 西郷軍最後の本営「西郷洞窟」

　西南戦争の末期，西郷軍は故郷鹿児島に戻り，桜島を見すえることができる城山に軍を構えた。拠点としやすかっただけでなく，桜島は西郷軍にとって精神的な支柱として，深い思いや結びつきもあったのではないだろうか。

---

❷薩摩藩の武士から明治維新の立役者となり，政治家・軍人として活躍した。維新三傑の１人。

❸1877（明治10）年，鹿児島の私学校派を中心とする九州の士族が西郷隆盛を中心に起こした反乱。近代化を急いだ明治政府の政策によって士族の不満が高まっていたことを背景とする。終結まで半年に及んだ日本最後の内戦。

著者からの
メッセージ

第1巻に引き続き第2巻も，SDGsの観点から，地殻変動のいちじるしい日本列島の特色とも言える火山活動と，その自然災害についてとらえ直してみた。

日本列島だけでなく，地球そのものが誕生以来変化し続けている。マグマオーシャンの時代から，地球深部では高温物質の流動的な動きが起きており，火山噴火はそのダイナミクスの一部なのだ。ただ，地球内部の動きはいまだ完全には解明されておらず，火山噴火が生じた時に初めて，それまでの過程が推測できる段階にとどまっている。

火山は常に活動している。火山と共生している国や地域も少なくない。日本にも，24時間の監視体制をとっている活火山が多く存在している。しかし，警戒していても，突然爆発的な噴火が生じることもある。火山噴火には，地域を壊滅的な状態に陥れる恐ろしさがある。日本でも海外でも，そのような大規模な噴火が幾度となくあった。本書で紹介した，火山噴出物によってまち全体が覆われてしまったイタリアのポンペイや日本の鎌原村のような場所もある。これらは現在も発掘中であり，今後火山噴火のメカニズムだけでなく，当時の生活そのものがいっそう明確になることが期待されている。

一方で火山地帯は限られており，火山の存在する地域とそうでない地域に住む人たちの意識の差は必然的に大きい。とはいえ，火山

のない国の人間がほかの国で噴火に巻き込まれることは珍しいことではない。日本国内においても同様で，観光地となっている山をハイキングや登山などで訪れていた時に，突然噴火に遭遇することもある。ほかの自然災害と同様に，火山噴火は自分には関係がないと考えないことが大切だ。

地下で起こっていることの把握には限界があり，それが噴火予測の難しさでもある。いつ起こるかわからない噴火に対する恐れは，自然への畏敬の念を生む。富士山が日本の代表的な火山であるとともに，日本の精神的なシンボルにもなっているのはこうした理由からだろう。多くの火山は山岳宗教の聖地として，崇拝の対象にあった。火山を信仰の対象そのものとしてきたのは，まさに人間のスケールを超えた自然への敬意のあらわれだ。

景観の美しさも，火山の大きな特色だろう。噴火後の火山は，さまざまな自然景観を形成する。カルデラ湖や堰き止め湖など，湖は火山とよく調和する。マグマが地表面に噴出してできた火山だけでなく，地下深部でゆっくりと冷えて固まった岩石が後に隆起し，侵食のプロセスを経て現在見られるような山の景観をつくることもある。その上に，植生や生態系が構成され，豊かな自然を育む。このような火山や火成岩体は，絶景であることには間違いない。日本の国立公園，国定公園，自然公園は，このようなマグマ起源の火山岩や深成岩の景観の割合が大きいのが

特色だ。読者のみなさんには，こうした火成活動によってできた山々を，観光でぜひ訪れてみてほしい。

なかでも，近年はジオパークが注目されている。対象となる火山や地域は同じであっても，行政が指定して管理するのとは異なり，自然景観の保全・保護を市民側からの視点でとらえ，さらに地域の振興や活性化を図ろうとしていることに特色がある。さらにジオパークとして認定されるには，教育や啓発のために地域がどのように取り組んでいるかという点も評価される。SDGsのゴールの中にも関連したターゲットが数多くある。

意外なところで火山が利用されていることもある。東京ディズニーシー®を訪れたことのある人も多いだろう。施設の中心につくられた「プロメテウス火山」は，本書でも紹介したベスビオス火山をモデルにしたともいわれている。その「プロメテウス火山」の中にある「センター・オブ・ジ・アース」のアトラクションを楽しんだ人もいるかもしれない。まったく架空の世界ではあるが，人類がいまだ目にしたことがない地球内部の想像の世界を楽しめる。

火山や火成活動には，SDGsと関連してほかにも多くの魅力的な要素が存在する。地熱発電によるエネルギー開発や，宝石も含めた鉱物資源といったものだ。鉱物資源は実はわたしたちのまわりにさまざまな形で存在して

いる。スマートフォンやデジタルカメラ，テレビなどの身近な家電に使用されている半導体の素材の代表的なものといえば「シリコン」（ケイ素，元素記号Si）になる。序章で紹介したように，シリコンは地球表面（地殻）に存在するすべての物質のうち２番目に多い物質だ（▶p.9）。半導体は，赤外線や可視光などの光エネルギーを電気エネルギーに変換することが可能な物質でもある。太陽電池は，この半導体の性質を使って，太陽光という光エネルギーから電気を生み出している。建造物や建築物の素材となっているのは火成岩だ。

こうしてみると，わたしたちの生活は火成活動の賜物に満ちている，ともいえるだろう。日本は世界から岩石を輸入し，半導体を輸出しているが，岩石・鉱物などを通して世界と結びついていることがわかる。

本巻で自然景観と人間活動との関わりを再確認し，読者のみなさんが活躍する将来において，火山を含めた地球に対してどのようなアプローチができるのかを考えてもらえるとうれしい。そして，自然そのものについて，何気なく見ていた景色が変わって見えてくる自分に気づいてもらえれば幸いである。

令和５年７月

藤岡達也

さくいん

[著者]

藤岡達也（ふじおか　たつや）
滋賀大学大学院教育学研究科教授。大阪府立大学大学院人間文化学研究科
博士後期課程修了。博士（学術）。上越教育大学大学院学校教育学研究科教
授などを経て現職。専門は防災・減災教育，科学教育，環境教育・ESDなど。
主な著書は『絵でわかる日本列島の地震・噴火・異常気象』（講談社），『1
億人のSDGsと環境問題』（講談社），『SDGsと防災教育』（大修館書店）
など多数。

SDGsで考える日本の災害②火山噴火
（エスディージーズ　かんが　にほん　さいがい　かざんふんか）
© FUJIOKA Tatsuya, 2023

NDC374／63p／27cm

初版第1刷──2023年7月1日

著　者───藤岡達也（ふじおかたつや）
発行者───鈴木一行
発行所────株式会社 大修館書店
　　　　　　〒113-8541 東京都文京区湯島2-1-1
　　　　　　電話03-3868-2651（販売部）
　　　　　　　　　03-3868-2299（編集部）
　　　　　　振替11490-7-40504
　　　　　　[出版情報] https://www.taishukan.co.jp/

デザイン・レイアウト───mg-okada
キャラクターデザイン───あずきみみこ
図版制作───────明昌堂
印刷所───────広研印刷
製本所───────牧製本

【図版出典】
p.5 図1：https://www.un.org/
sustainabledevelopment/The
content of this publication has not
been approved by the United Nations
and does not reflect the views of the
United Nations or its officials or
Member States●p.9図1：気象庁／図
2～5：啓林館『地学 改訂版』（2017）
●p.10表1：産業技術総合研究所地質調
査総合センター 地質標本館●p.12写真
1：USGS／神奈川県立生命の星・地球博
物館＜EPACS自然史博物館＞●p.13図1：
三松正夫（1962）●p.14図1：環境省●p.16
写真1：全国宝石卸商協同組合●p.17図2：
エネルギー・金属鉱物資源機構／写真：東
北自然エネルギー（株）●p.18図1：気象
庁●p.19写真1：Cynet Photo／図1：
USGS●p.20図3：啓林館『地学 改訂版』
（2017）●p.21図4：USGS／写真2：
inyNAGASAKI/PIXTA●p.22写真1：
Cynet Photo／図1：守田治（九州大学総
合研究博物館）●p.23図2：JAMSTEC
／写真2：Cynet Photo●p.24図1：読
売新聞社／図2：JAMSTEC●p.25図3：
産業技術総合研究所地質調査総合センター
／図4：Yug/Pekachu／図5：Yug/
Pekachu●p.26写真1・2：嬬恋村郷土
資料館●p.27／図1：巽好幸（ジオリブ研
究所）●p.28写真1：Yoshi-da/PIXTA
／写真2：朝日新聞社／Cynet Photo●
p.30図1：気象庁●p.31図2：防災科学
技術研究所／図3：北海道温泉協会／図4：
気象庁●p.33図6：気象庁●p.34図1：
吉本充宏ほか「掘削資料から見た富士山の
火山形成史」『月刊地球』（2004）●p.37
写真2：TOMO/PIXTA／写真3：@
yume/PIXTA／写真4：treet-street/
PIXTA●p.41図1：小学館『日本大百科
全書』（1994）●p.43図2：福井市自然
史博物館●p.45表1：気象庁●p.47写真
4：やえざくら/PIXTA●p.48写真2：
阿蘇神社●p.49写真3：TOSHI.K／
PIXTA●p.50図1：堤隆『列島の考古学
旧石器時代』（2011）●p.53図1：洞
爺湖有珠山ジオパーク●p.54図1：気象
庁●p.55写真1：朝日新聞社／Cynet
Photo●p.57写真1：国土地理院●p.58
写真1：Y.BLUE/PIXTA／オクケン／
PIXTA
＊表記のない写真は著者撮影